Em nome da Lei

Revisão e Editoração Eletrônica:
João Carlos de Pinho

Direção de Arte:
Luiz Antonio Gasparetto

Capa:
Kátia Cabello

1ª edição
Abril • 2005
10.000 exemplares

Publicação, Distribuição
Impressão e Acabamento
CENTRO DE ESTUDOS
VIDA & CONSCIÊNCIA EDITORA LTDA.

Rua Agostinho Gomes, 2312
Ipiranga • CEP 04206-001
São Paulo • SP • Brasil
Fone / Fax: (11) 6161-2739 / 6161-2670
E-mail: grafica@vidaeconsciencia.com.br
Site: www.vidaeconsciencia.com.br

MÁRCIO FIORILLO

ditado por MADALENA

EM NOME DA LEI

EDITORA GRÁFICA VIDA & CONSCIÊNCIA

capítulo 1

— Elvira! Elvira! Acorde, por favor! Diga que está tudo bem!

Marcos, totalmente descontrolado, sacudia o corpo caído ao chão. À sua volta juntaram-se diversos curiosos, atraídos pelo barulho da batida do automóvel. O murmúrio e a agitação das pessoas deixaram Marcos atordoado. Vendo tudo girar ao seu redor, ele não resistiu e desmaiou.

Poucos instantes depois, ouviram-se as sirenes da ambulância e da polícia, que chegavam ao local. Todos comentavam espantados o que ali acontecera.

Um homem aproximou-se do policial e informou:

— Foi tudo tão rápido... O carro vinha em alta velocidade e o motorista perdeu o controle. A pista estava molhada. Quando vi, o carro já estava batendo no poste e a moça foi lançada para fora. O motorista saiu com alguns ferimentos, começou a chamar a mulher e em seguida desmaiou.

O policial anotou tudo para o inquérito. Aquela seria mais uma longa e difícil noite. Caía uma fina garoa. O corpo da mulher no chão, coberto por algumas folhas de jornal, não poderia ser removido até a polícia técnica chegar.

Carlos, o policial, deu um profundo suspiro, pensando:

"Fim para uma bela mulher com toda a vida pela frente..."

O que lhe restava fazer? Mais nada, a não ser tratar da burocracia e da formalidade de sua rotina de trabalho.

Ele estava na polícia havia mais de dez anos e já se acostumara com esse tipo de ocorrência. Tornara-se apático ao sofrimento alheio. Em seu trabalho via só agonia, desonestidade, famílias destruídas pelas drogas, pelo alcoolismo, pela ambição.

Seu encontro com o lado pior do ser humano fizera-o bloquear seus sentimentos. A fim de poder desempenhar melhor suas duras funções, precisava ser impessoal.

Ao fim de mais uma noite de trabalho, Carlos estava cansado. Tivera uma jornada exaustiva. Entrou no ônibus que o levaria para casa. No caminho, sua mente vagava. Por segundos pensou no acidente, na vítima fatal estirada no chão completamente ensangüentada, nos curiosos que se aproximavam para saber o que havia acontecido. Tentou afastar as imagens da mente, mas não conseguiu. Fechava os olhos, e as cenas se repetiam. Disse a si mesmo:

— O que está acontecendo? Não sou de ficar com isso na cabeça. Devo estar cansado. É só repousar, que passa.

Próximo a casa, desceu do ônibus. Em seu lar, ele não gostava de falar de trabalho.Só queria saber do aconchego da mãe e do carinho da irmã.

Uma vez em casa, foi direto à cozinha, sentindo o cheiro gostoso do café que a mãe estava acabando de coar.

Maria, ao ver o filho, ficou alegre. Como fazia todos os dias, agradeceu intimamente a Deus por ele estar em casa.

Ela era viúva. Carlos era seu filho mais velho, seguido por Ana, que completara vinte e um anos e estava noiva. Carlos era sua preocupação. Ela não gostava que ele fosse policial, achava perigoso. Com tanta violência nas ruas, tinha medo de ver seu filho lidando com bandidos.

— Carlos, meu filho, que bom que você chegou! Estou acabando de passar o café. Vá tomar um banho e trocar de roupa, enquanto ponho a mesa.

Com capricho, Maria colocou a mesa do café para ela e os dois filhos que eram sua vida.

Carlos, após um bom banho de refazimento, desceu. Vendo a mãe e a irmã à sua espera, sentou-se à mesa e, após servir-se de uma xícara de café com leite, perguntou à irmã:

— Você e Francisco já marcaram a data do casamento?

Ana trocou olhares com a mãe, como a suplicar ajuda. Maria não gostava de mentir ao filho. Desde que o marido falecera, o filho tomara a responsabilidade da casa e passara a cuidar das duas. Foi Maria quem respondeu:

— Ana e Francisco ainda não marcaram a data. Ontem à noite conversamos justamente sobre isso. Francisco está com problemas financeiros que estão dificultando a compra da casa, por isso resolveram não marcar uma data ainda.

— Vou falar com Francisco. Gosto muito dele, mas acho que está fazendo corpo mole. Vejo-o sempre gastando dinheiro com bobagens. Quem quer alguma coisa na vida tem que trabalhar e fazer economia.

Ana, ao ouvi-lo falar assim, resolveu defender o noivo.

— Ora, Carlos... Francisco não está fazendo corpo mole, não. As coisas estão difíceis para ele. Nós nos amamos e casaremos assim que for possível. Não me preocupo em esperar o tempo que for necessário.

— Vocês já namoram há três anos. Há mais de um ano Francisco prometeu comprar uma casa. Cada vez que falamos sobre isso, ele vem com uma desculpa. Se ele pensa que vai enrolar você com esse casamento, está muito enganado, porque não vou deixar.

Pelo tom de voz de Carlos, Ana resolveu não retrucar. Conhecia o irmão e também, no fundo, sentia que Francisco estava mesmo querendo adiar o compromisso. Assim, resolveu não falar mais nada. Foi Maria quem contemporizou:

— Bom, deixemos para falar sobre isso outra hora. Agora termine seu café, Carlos, e vá descansar. Você trabalhou a noite toda. Deve estar exausto.

Carlos terminou de tomar o café em silêncio. Antes de se retirar da mesa, deu um beijo em Maria e disse:

— Mãe, acorde-me às cinco da tarde. Estou de plantão esta noite.

— Está bem, filho. Tenha um bom sono.

Ele foi para o quarto, deitou-se e logo estava dormindo. Teve um sono agitado. Sonhou com o acidente da noite anterior. A mulher no chão chamava-o e suplicava sua ajuda. De repente, ela se ergueu e o agarrou. Ele acordou debatendo-se e, ao ver que não passava de um sonho, levantou-se.

Após lavar o rosto, desceu as escadas do sobrado. Vendo a mãe na sala em companhia de uma vizinha, foi ter com elas.

— Boa tarde, Dona Amélia. Tudo bem?

— Tudo bem, meu filho, graças a Deus.

— Sente-se, Carlos. Converse com Dona Amélia enquanto preparo algo para você comer.

Carlos conhecia Amélia desde criança. Era uma boa vizinha. Sempre prestativa, ela os ajudara muito quando seu pai adoeceu.

— Tem trabalhado muito, Carlos?

— Bastante, Dona Amélia. A senhora sabe: meu trabalho é árduo.

— Antes de você descer, estava falando para sua mãe que acho seu trabalho edificante. Gosto de ver jovens assim, no caminho certo, defendendo as pessoas de bem contra ladrões e assassinos.

— É um ótimo trabalho, mas nem todos de minha profissão são como a senhora pensa. Só quem trabalha na área sabe a dimensão do que é ser policial.

— Nem imagino... Desculpe-me a intromissão, mas estou achando-o tão abatido. Vejo que está cansado. Por que não pede umas férias para seus superiores?

— A senhora tem razão. Sinto-me cansado mesmo. Quem sabe mais para a frente peço umas férias?

A conversa ia a esmo quando Maria chamou o filho para

comer. Carlos pediu licença para Amélia e saiu em direção à cozinha. Amélia despediu-se de Maria e foi embora pensando:

"Esse menino está sendo envolvido por espíritos perturbados. Como poderei falar isso para ele, meu Deus? Carlos não acreditaria. Bem, vou tentar ajudá-lo. Quem sabe, conversando um pouco mais com ele... Talvez, falando sobre espiritualidade, fique mais fácil. Quando eu for ao centro espírita, vou pedir aos meus amigos espirituais que o protejam. Por ora, é o que posso fazer."

Amélia era médium em um centro espírita do bairro. Não sabia quem estava envolvendo Carlos nem o porquê, mas sentiu a presença de um espírito sofredor próximo a ele, roubando suas energias.

Carlos acabou de comer, subiu para o quarto e colocou a farda da polícia. Sentiu que em seu íntimo estava diferente, indisposto, com vontade de chorar. Nunca fora um fraco. Pensou:

"Dona Amélia tem razão: preciso de uns dias de folga. Mas agora devo ir trabalhar. Tenho uma longa noite pela frente."

Antes de sair, despediu-se da mãe e da irmã com um beijo em cada uma, como sempre fazia.

capítulo 2

Carlos apresentou-se em seu posto policial às oito em ponto. Rui, seu companheiro de patrulha, já o estava esperando. Rui era extrovertido, do tipo que levava tudo na brincadeira, ao contrário de Carlos. Talvez por isso formavam uma dupla perfeita.

— Boa noite, Carlos. Dormiu bem sem roupas? — disse Rui, tentando tirar um sorriso do companheiro, que, como sempre, estava com expressão séria.

— Boa noite, Rui — respondeu Carlos com um sorriso.

A noite estava fria. Carlos e Rui mais uma vez estavam esperando um chamado da central para entrar em ação. Não tardou para o rádio da viatura tocar. Era uma voz feminina informando uma briga em família. Carlos olhou para Rui e disse:

— Mais uma noite de brigas, meu amigo.

— Bem, vamos fazer nosso dever, afinal a noite está apenas começando.

Não demorou muito e a viatura apareceu em uma rua do subúrbio. Ouvia-se de longe a gritaria. Os vizinhos olhavam tudo sem se intrometer. A viatura parou em frente à casa e os policiais correram para separar dois homens que estavam brigando, um aparentando ter uns trinta anos e o outro um pouco mais. Carlos, aproximando-se dos dois, falou energicamente:

— Parem de brigar! É a polícia!

Os dois homens ficaram parados, ambos ensangüentados e com as roupas rasgadas, por terem rolado muito no chão. Uma moça chegou até os policiais, dizendo aflita:

— O que o senhor irá fazer com eles? Eles beberam um pouco a mais e começaram a discutir.

Carlos, olhando sério para a mulher, perguntou:

— O que a senhora é desses dois?

— Sou esposa de um e irmã do outro.

Enquanto Rui algemava os dois homens, eles trocavam ofensas entre si. Carlos olhou para a mulher que o abordara e disse:

— Minha senhora, eles serão levados para a delegacia a fim de prestar depoimento. Queira nos acompanhar. Lá chegando, o delegado de plantão irá ouvi-los. Meu dever é levá-los até lá; o resto não é comigo.

A moça, ao ouvir Carlos pronunciar essas palavras tão secamente, resolveu não falar mais nada, só acompanhá-los. Foram todos deixados na delegacia. Carlos e Rui, ao terminar os procedimentos de rotina, voltaram para as ruas, deixando mais um das centenas de casos como esse nas mãos do delegado.

Os dois estavam em silêncio, cada um fechado em seus próprios pensamentos. Foi quando Rui, que gostava de conversar, resolveu quebrar o silêncio:

— Carlos, meu amigo, eu o conheço e não é de hoje. Diga-me: o que o está incomodando? Há algum problema? Se quiser conversar, conte comigo.

— Não tenho nada, Rui. Que mania você tem de querer saber tudo.

— Ei, calma! Não precisa ofender — disse Rui com um sorriso. — Sou seu amigo. Pensei que quisesse desabafar. Notei que desde ontem à noite você está assim, estranho, calado, apático. Reparou como foi seco com a mulher há pouco?

— Ora, Rui... Não fui seco, só prefiri ir direto ao assunto. O que você queria que eu fizesse? Chamasse a mulher e falasse:

"Olhe, dona. Seu marido e seu irmão são dois santos, eles se amam. Eu vim aqui para separar o amor dos dois, pois de tão bonito está incomodando toda a vizinhança. A propósito, eu poderia entrar para tomar um cafezinho?"

Rui não se conteve. Deu uma gargalhada e disse:

— Assim também não, né? Não precisa exagerar.

Os dois riram.

— Por falar em café — disse Rui —, que tal pararmos para tomar um?

— *Atenção, todas a unidades. Tiroteio na Rua Um, altura do número 200. Solicitamos reforços.*

Rui pegou o fone do rádio e, após se inteirar do assunto com a central, desligou e disse:

— Nosso café ficará para depois. Vamos correr, que a festa já começou e estamos atrasados.

— Ah, Rui! Sempre brincando... Quando é que você vai levar as coisas mais a sério?

— Acho que nunca. Nem quando eu morrer.

Carlos sentiu um arrepio percorrer-lhe a espinha.

— Vire essa boca para lá! Não vamos falar nessas coisas agora. Credo!

Carlos falava ao mesmo tempo em que dirigia a viatura em alta velocidade com a sirene ligada. Chegaram ao local, uma rua sem saída no meio de uma favela. Algumas viaturas já estavam na região. O tiroteio era ensurdecedor. Havia vários policiais atirando contra bandidos, e vice-versa.

Carlos e Rui saíram da viatura já com as armas nas mãos. Procuravam defender-se usando como escudos os carros que estavam parados no local. Para se inteirarem do que estava acontecendo, chegaram próximo a um amigo que estava na linha de fogo.

— Viemos encerrar uma briga de gangues que disputam o tráfico de drogas na favela. Ao chegar, fomos recebidos a bala. Já conseguimos pegar alguns elementos e outros estão baleados, mas ainda há resistência de alguns membros das quadrilhas.

Rui olhou para um soldado no outro lado da rua. No alto havia dois criminosos que estavam atirando contra a polícia. Olhou para seu lado direito e viu um carro a menos de dez metros de distância. Pensou:

"Se eu conseguir chegar até aquele carro, ficarei em um bom ângulo para acertá-los."

Olhou para Carlos e disse:

— Faça cobertura. Vou passar para o outro carro.

— Não, Rui. É perigoso. Estão abrindo fogo contra nós. Seria suicídio.

— Não seja tolo. O que é difícil para mim? Não se esqueça de que sou o Super-Rui.

Brincou como só ele conseguia em horas de tanta apreensão. Olhou fixamente para Carlos. Seu instinto policial falava mais alto, e naquele momento sua alma parecia dizer-lhe adeus. Correu em direção ao outro carro. No meio do caminho, tiros e mais tiros contra ele.

De repente uma bala, uma única bala rompeu-lhe o peito. Rui experimentou uma dor jamais sentida. Caiu no chão sentindo o sangue quente a percorrer seu corpo, sua garganta. Em poucos segundos, viu como um *flash* toda a sua vida passar pela mente: a infância, a adolescência, sua entrada na polícia, sua família, Carlos, seu amigo de coração.

Carlos, ao vê-lo cair no chão, gritou:

— Rui, não!

Olhou para os bandidos e, em um momento de fúria, correu para o outro carro atirando, conseguindo acertar os dois marginais. O tiroteio cessou. Ao aproximar-se do amigo, vendo que ele estava vivo, falou:

— Rui, reaja! Chamem uma ambulância — gritou, na tentativa de salvar o amigo. — Rui, tente se acalmar. A ambulância já deve estar a caminho.

Carlos estava segurando a cabeça de Rui com as mãos.

— É, meu amigo — falou Rui, com muita dificuldade. — Estou morrendo. Diga à minha família que eu os amo muito.

— Psiu, fique quieto, não fale nada. Poupe as energias. Você vai ficar bem.

Rui sentiu uma extrema dor roubando-lhe as forças.

— Estou indo, Carlos. Quanto à sua amizade, levo-a em meu coração. Fique com Deus, irmão.

Disse as últimas palavras em um sussurro e deu o derradeiro suspiro.

Carlos ficou tonto, não conseguindo raciocinar direito:

"Por que Deus fez isso? Rui, um homem de bem, sempre alegre, até numa profissão que exigia rudez e seriedade. Por quê?"

Era só o que lhe passava na mente naquele momento.

Carlos chorou. Não conseguiu controlar as emoções sempre tão reprimidas pela necessidade de seu trabalho Estava acostumado a ver as tristezas e as decepções das pessoas, mas agora era diferente. A dor da perda de um amigo tão próximo era só sua.

Rui estava ali em seus braços, imóvel, sem vida, simplesmente um corpo carnal, que logo iria para debaixo da terra.

— Carlos!

Ao ouvir seu nome, saiu daquele estado de choque. Era seu comandante, que, vendo seu desespero, decidiu afastá-lo daquele lugar.

— Carlos, venha comigo. Não há mais nada que possamos fazer. Vou mandar uma viatura levá-lo para casa. Você precisa descansar.

— Descansar? Como? Não, vou ficar aqui.

— Vá para casa e tente descansar um pouco. Teremos um difícil dia pela frente, e isto não é um pedido, é uma ordem.

Carlos tentou argumentar, mas em seu íntimo sentiu que o comandante tinha razão. Entrou na viatura sem dar nenhuma palavra e deixou os pensamentos vagarem.

Já era madrugada alta quando chegou em casa. As luzes estavam apagadas. Entrou sem acender as lâmpadas e sem fazer barulho, pois não queria acordar a mãe e a irmã, que, pelo adiantado da hora, já deviam estar dormindo.

Andou a passos curtos, foi até a sala, sentou-se em um sofá e deu vazão à sua tristeza.

Maria acordou assustada ao ouvir sons vindos do andar de baixo. Resolveu descer para saber o que estava acontecendo. Chegando ao pé da escada, iluminou o corredor e viu o filho chorando.

— O que aconteceu? Você, a esta hora em casa, chorando? E esse sangue em sua roupa? Você se feriu, meu filho?

— Não, mãe. Estou bem. Foi Rui.

— Rui? Em que hospital ele está? Iremos até lá.

— Rui morreu, mãe!

— Oh, meu filho! Coitado do Rui, um anjo de pessoa! Como... Como aconteceu?

— Foi em um tiroteio. Ele levou um tiro fatal.

Maria não sabia o que falar para o filho. Nada que dissesse aliviaria sua dor. Mesmo assim, falou:

— Não fique assim, Carlos. Quando Deus chama, não há o que fazer.

— Que Deus, mãe? Que Deus é esse? Como pode Deus ser tão injusto assim? Por quê? Por que Rui? Um rapaz tão novo, cheio de vida, nunca fez mal a ninguém... Eu não acredito nesse Deus. Se Deus é assim tão injusto, não quero que Ele me acompanhe.

— Acalme-se. Não adianta ficar assim. O porquê de tudo isso eu não sei explicar, mas Deus sabe. Vou preparar um chá de cidreira. Enquanto isso, vá para o quarto, tome um bom banho e coloque um pijama. Não há nada que possamos fazer.

Maria foi para a cozinha preparar o chá. Estava triste. Conhecia Rui desde que ele e Carlos se tornaram parceiros. Gostava dele. Era um moço bom, extrovertido, que gostava de viver.

Sentiu um aperto no coração. Estava realmente triste, mas agradecia a Deus por seu filho estar vivo e bem. Pensou:

"Deus do céu! Poderia ter sido meu filho, meu único filho. Oh, meu Deus, livre meu filho de qualquer perigo!"

Maria não gostava da profissão que Carlos escolhera. Ela queria que ele fosse advogado. Lembrou-se dele na infância, quando perguntavam qual seria sua profissão. Ele enchia a boca para falar que seria policial.

Ela pensava que isso era um desejo de criança que, com o tempo, seria esquecido, mas não foi assim. Carlos cresceu com a idéia fixa de estudar para isso. Quando se formou, Maria viu a felicidade estampada em seu rosto, os olhos brilhando. Viu a alegria do filho e conformou-se. Ele estava feliz com sua profissão. Como mãe, só lhe restava rezar todas as noites para que ele chegasse bem em casa.

Preparou o chá e levou-o para Carlos, que já estava deitado, mas com pensamento longe. Parecia que só seu corpo estava ali.

— Trouxe seu chá. Tome um pouco e descanse.

Carlos tomou o chá mecanicamente. Em seguida, Maria retirou-se do quarto, deixando-o sozinho em seu universo particular.

Mal amanhecera o dia e Carlos já estava em pé. Não conseguira dormir. Foi para a cozinha preparar um café. Sua mãe ainda devia estar deitada.

Levantou-se rapidamente ao ouvir o barulho de panelas na cozinha. Maria também já se levantara.

— Bom dia, filho. Pelo jeito, você não conseguiu dormir.

— Não preguei o olho. Resolvi levantar e fazer o café. Preciso tomar um cafezinho para adquirir forças.

O telefone tocou. Maria foi atendê-lo na sala, deixando Carlos na cozinha. Minutos depois, voltou.

— Era o comandante George. Ele pediu para avisá-lo que o corpo já foi liberado e está sendo conduzido ao velório.

— Em que cemitério?

— No cemitério dos Campos Saudosos.

— Estou indo para lá.

Carlos chegou rapidamente ao local do velório, onde encontrou inconsolável a família de seu amigo. O velório transcorreu triste. A cerimônia preparada pelos colegas da polícia foi comovente. No final, o comandante foi ter com Carlos:

— A partir de hoje considere-se de férias. Você está precisando.

— Não vou recusar. Preciso tirar um tempo. Vai ser difícil voltar a trabalhar sem Rui.

— Não fique assim. Descanse. Quando você voltar, terá novas energias. Passe no departamento amanhã para assinar a papelada. Fique com Deus.

— Obrigado, comandante.

Carlos olhava à sua volta sentindo um vazio no peito. O campo florido com suas cruzes indicava que aquele era o fim do caminho, que havia chegado para Rui e que um dia chegaria para ele.

Cinco dias se passaram.

Carlos estava deitado no sofá da sala. Apático, rosto abatido, nada o fazia ficar animado.

A campainha soou. Ele, sem muita vontade, levantou-se para ver quem estava chamando.

— Olá, Carlos. Sua mãe está?

— Está, sim. Pode entrar, Dona Amélia. Ela está passando roupa.

— Se ela estiver ocupada, não quero incomodá-la. É que fiz um bolo de fubá e, como sei que vocês gostam, resolvi trazer para o lanche da tarde.

— A senhora nunca incomoda. Entre. — Virou-se em direção a outro cômodo e gritou: — Mãe, é Dona Amélia!

Maria, ao ouvir o chamado, foi ao encontro da amiga. As duas se cumprimentaram alegremente. Após receber o bolo que Amélia carinhosamente lhe ofertou, Maria convidou-a a sentar-se na sala com Carlos enquanto ia preparar o lanche da tarde.

Carlos estava com cara de poucos amigos. Mesmo assim, Amélia arriscou um diálogo com ele:

— Como se sente?

— Bem — respondeu ele secamente.

— Sua mãe me disse que você está sem ânimo para nada. Reaja, meu filho. Olhe, sei que você vai duvidar do que vou lhe dizer, mas seu amigo está bem.

— Bem? Ele está morto, Dona Amélia!

— A morte não existe, meu filho. É só uma passagem para outros planos da vida. Compreendo sua dor. Você está triste, acha que perdeu um amigo, mas quero que você saiba que ele está vivo, não com o corpo de carne, mas com o corpo astral.

— Dona Amélia, que história é essa de corpo astral? Não vai me dizer que a senhora é dessas que acredita em alma do outro mundo?

Percebendo que Carlos não estava acreditando, Amélia resolveu narrar-lhe a história de sua vida.

— Vou contar para você como me tornei espírita. Quando eu tinha vinte anos de idade, conheci Luís, um homem trabalhador e honesto. Casei-me. Eu me sentia a mulher mais feliz do mundo. Com dois anos de casamento, tive meu primeiro filho, Luís Alberto, que nasceu perfeito, bonito e saudável.

Fez ligeira pausa e, vendo que ele ouvia atentamente, continuou:

— O tempo foi passando. Éramos felizes, eu, meu marido e meu filho. Vivíamos bem. Luís Alberto cresceu, era um belo rapaz com seus dezoito anos. Cheio de vida, gostava de sair e curtir a vida, como todos os jovens de sua idade. Todos os finais de semana, Luís Alberto saía com seus amigos. O sonho dele era ter um carro. Meu marido prometera que, se ele passasse no vestibular, nós lhe daríamos um.

Luís Alberto queria ser médico. Fez curso preparatório, prestou a prova e passou. Quando ficamos sabendo que ele havia sido aprovado na faculdade, foi como uma festa. Afinal, nosso filho ia ser doutor. Então resolvemos lhe dar o tão sonhado carro. Tirou carteira de motorista e compramos o prometido.

Aquele foi o dia mais feliz de sua vida. Ele parecia uma criança quando ganha um brinquedo. No mesmo dia chamou os amigos para sair. Eu e meu marido pedimos para que ele não bebesse e que não corresse muito com o automóvel, que fosse prudente. Não adiantou: nossas recomendações não foram seguidas.

Naquele dia, Luís Alberto fora a um daqueles bares de jovens, bebeu e, ao sair, deu carona para mais dois amigos. Não sabemos direito o que lhes aconteceu, só sabemos que ele estava dirigindo em alta velocidade, talvez para testar o potencial do automóvel, não sei. Não percebeu um caminhão parado bem à sua frente. Não conseguiu brecar e o carro foi parar embaixo do caminhão. Luís Alberto e os dois amigos desencarnaram na hora.

Naquela mesma madrugada, eu, talvez sentindo que algo ruim estava acontecendo, não conseguia dormir. Fechava os olhos e via meu filho me chamando. Quando a campainha soou, eu e meu marido corremos para ver quem era. Havia um carro da polícia parado na porta de casa. Após nos identificarmos, o policial deu a trágica notícia.

Senti que me faltava o chão e desmaiei. Ao acordar, estava revoltada. Meu filho, tão jovem, morrer daquele jeito... Não entendia o porquê.

Enterrei meu filho e, naquele momento, metade de mim foi enterrada junto. Meu marido começou a se culpar pelo que aconteceu com nosso menino. Ele perdera a vontade de viver e eu não sabia mais o que fazer. No fundo, eu sentia que tinha que ser forte, mas não sabia como.

Passaram-se três meses após o desencarne de Luís Alberto. Meu marido, que não tinha mais vontade de viver, já não se alimentava direito. Veio a ter uma gripe forte que virou pneumonia, levando-o à morte.

Fiquei desesperada. Em apenas três meses perdi filho e marido. Sentia que o mundo havia desabado sobre minha cabeça. Não sabia como iria continuar vivendo. Eu não tinha mais ninguém. As duas pessoas que mais amava não estavam mais ao meu lado. A vida passou a não ter mais sentido para mim.

Minha casa... Ah, minha linda casa já não era tão linda. A solidão e a tristeza eram minhas companheiras inseparáveis. Os dias foram passando lentamente. Comecei a ouvir passos pela casa, sentia a presença de meu marido e de meu filho. Eu pensava:

"Meu Deus, estou ficando louca."

Estava em estado de profunda depressão. Numa dessas noites de solidão e angústia, com muito custo, adormeci.

Sonhei que estava em um jardim todo florido. Em minha frente apareceu uma mulher de beleza excepcional, que conversou muito comigo.

Não lembro muito bem o que ela disse. As únicas palavras que lembrei quando acordei foram:

"Você achará o caminho."

Acordei bem-disposta, fui até a cozinha, que estava em bagunça, arrumei tudo, abri a geladeira e vi que não havia quase nada para comer. Resolvi sair para repor minha despensa. Fui até o mercado andando, pois estava com vontade de sentir o ar puro da manhã.

No meio do caminho, ao olhar para as casas de uma rua arborizada, uma me chamou a atenção. No portão havia uma singela placa. Parei para ler o que estava escrito:

CENTRO ESPÍRITA FORÇA DA LUZ – ATENDIMENTO ESPIRITUAL TODAS AS QUARTAS-FEIRAS, ÀS 20 HORAS

Ao ler, meu coração bateu mais forte. Foi quando disse a mim mesma:

"Amélia, já temos um compromisso esta noite. Vamos conhecer melhor esse lugar. Você não tem mais nada a perder, mesmo."

Naquela noite cheguei à casa espírita no horário marcado. A princípio, fiquei temerosa, mas depois me acalmei. Fui recebida por uma moça muito simpática que me encaminhou a uma sala em penumbra com apenas uma luz azul de fundo e fui convidada a me sentar. Havia um médium em pé, atrás da cadeira em que me sentei, que me pediu para pensar em Jesus.

Naquele momento deixei minha angústia extravasar e chorei como nunca havia chorado antes. Mais tarde vim a saber que aquela sala era a câmara de passes.

Após ter tomado o passe, fui conduzida a outra sala, onde sentida prece foi pronunciada. Estava me sentindo leve, em paz comigo mesma. Ao final da reunião, procurei o dirigente da sessão.

Afonso me atendeu de pronto, conversamos um pouco e a partir daí me tornei espírita.

Amélia fez uma pausa. Naquela casa ninguém conhecia sua história. Carlos e Maria ficaram comovidos ao descobrir quanto ela havia sofrido, porque Amélia sempre lhes demonstrara alegria, confiança em dias melhores, otimismo.

— Amélia, vamos para a copa. O lanche já está na mesa. Se demorarmos, irá esfriar — disse Maria, tentando quebrar o clima melancólico que ficara na sala.

— Vamos, sim.

Os três lancharam quietos, cada um envolto em seus próprios pensamentos. Foi Carlos quem quebrou o silêncio do momento:

— Dona Amélia, a história que nos contou é muito comovente, mas não prova a existência de vida após a morte.

— Bem, até aqui você tem razão, mas deixe-me contar o que conversei com Afonso nessa ocasião. Como já disse, no término da reunião procurei pelo dirigente e contei-lhe o motivo pelo qual procurei ajuda. Ele me explicou o porquê de eu ter atraído os espíritos de meu filho e marido para meu lado e me emprestou alguns livros que falavam de vida após a morte, de reencarnação, além dos livros de Allan Kardec, como o *Evangelho Segundo o Espiritismo*, o *Livro dos Espíritos* e o *Livro dos Médiuns*.

— Eu os levei para casa e passei a lê-los. Descobri um mundo novo, encontrei respostas às minhas indagações. Mudei meus pensamentos, passei a fazer preces para meu filho e meu marido. Também desenvolvi minha sensibilidade. Passei a freqüentar assiduamente o centro espírita, até que um dia, com a graça de Deus, meu filho me mandou uma mensagem dizendo que estava bem, estudando em uma colônia no astral.

Fiquei imensamente feliz. Percebi que, com minhas preces, eu, que, sem saber, os aprisionei a mim, havia lhes dado suas cartas de alforria. Sei que nada que eu vier a lhe falar, Carlos, irá mudar sua forma de pensar. Em minha fé não saio por aí batendo de porta em porta, obrigando as pessoas a me ouvirem e pensarem como eu. Quero apenas confortar quem, como eu, está sofrendo a perda de um ente querido.

Hoje em dia existem muitos estudos sobre vida após a morte e inúmeros documentários comprovando a veracidade do mundo espiritual. Você acha que só há uma única existência? Que nascemos, crescemos e morremos? E depois? Acabou? A partir daí, se você quiser questionar esses e outros assuntos, vá até minha casa. Será um prazer explicar-lhe essas e outras questões. Agora já está tarde. Devo ir embora.

Após a saída de Amélia, Carlos e Maria ficaram imersos em seus pensamentos, recordando as palavras dela.

capítulo 3

Rui abriu os olhos vagarosamente e percebeu que não havia morrido. Ficou confuso. Sua mente era agitada por um turbilhão de pensamentos contraditórios, e ele questionava a si mesmo o que estava acontecendo.

Olhou bem para o lugar onde se encontrava. Era um leito de hospital. Chegou à conclusão de que realmente estava vivo.

Dando nova olhada pelo quarto, viu ao lado da cama um pequeno armário com uma jarra de água e um copo.

Passados alguns minutos, um homem vestindo branco e aparentando uns quarenta anos entrou no quarto.

— Olá. Meu nome é Eduardo. Como está se sentindo?

— Estou um pouco confuso, doutor. O senhor poderia me fazer um favor? Meus familiares devem estar preocupados. Carlos também. O senhor poderia avisá-los que já acordei e quero vê-los?

— Por ora, não será possível. Descanse um pouco mais.

Eduardo pegou a jarra com água e colocou um pouco do conteúdo no copo.

— Tome este copo com água e durma mais um pouco. Quando você acordar, estará bem melhor.

Rui não entendeu o tratamento daquele médico. Estava acostumado a ver doentes tomarem remédios, mas o médico só lhe oferecera água. Sentiu uma leve brisa em seu rosto e, não conseguindo pensar em mais nada, voltou a dormir.

Eduardo ministrou-lhe alguns passes magnéticos e saiu do quarto para atender outros pacientes necessitados de sua ajuda.

O dia amanhecera lindo. O sol estava irradiando energia. Carlos acordara disposto. Arrumou-se e decidiu sair para rever os amigos.

Maria, ao ver o filho arrumado, ficou contente. Após a morte de Rui, que já ia para mais de quinze dias, era a primeira vez que via Carlos animado, com ar de alegria. Comentou:

— Que bom vê-lo bem-disposto, meu filho! Aonde vai?

— Vou andar um pouco. Irei até o centro da cidade falar com alguns amigos e aproveitar minhas férias. Não tenho hora para voltar. Vou almoçar pela rua, por isso não se preocupe.

Carlos, após beijar a mãe, saiu, olhou para a rua, que estava bem movimentada àquela hora do dia, e foi andando até a estação do trem.

Ao passar pela casa de Amélia, viu-a na varanda, fez um aceno com as mãos e continuou seu curso. Não estava com muita disposição para ouvir Amélia. Embora gostasse dela, não queria falar sobre mortos e espíritos que voltam.

Naquela semana ela não fora visitá-los, o que para Carlos tinha sido um alívio.

Chegou à estação de trem a tempo de entrar em um dos vagões que já estava de partida. Sentou-se e começou a olhar a paisagem que lhe passava rapidamente diante dos olhos.

Deixou a mente vagar. Sentiu um vazio no peito, que não sabia como preencher. Poucos minutos depois, o trem parou na estação desejada e Carlos desceu no centro da cidade.

Sua intenção era ver um amigo que tinha um escritório de contabilidade. Carlos caminhava lentamente. Gostava daquelas ruas cheias de lojas, daquela multidão andando rapidamente, sem tempo para nada.

Passeava distraído quando ouviu uma voz conhecida:

— Carlos! Carlos!

Ao olhar para trás, deparou com um amigo que não via desde longa data.

— Júnior, há quanto tempo! Que bom revê-lo. Como está?

— Bem. E você?

— Também estou bem, na medida do possível.

— Vamos tomar um suco? Há uma lanchonete ótima a uma quadra daqui. Assim a gente coloca os assuntos em dia.

Os dois se encaminharam à lanchonete. Lá chegando, pediram um refresco e começaram a conversar.

— Diga-me, Júnior. Já casou? Da última vez que o vi, estava noivo.

— Não, continuo noivo. Nem me fale em casamento. Por enquanto, com o que ganho, mal está dando para pagar minhas próprias despesas. Estou trabalhando aqui perto, na área de vendas. Mas, e você? Ainda está na polícia?

— Estou, sim, mas tirei umas férias. Você sabe: meu trabalho não é nada fácil.

— Hum... Você se lembra de Paulinha?

— Claro que me lembro. Como posso esquecê-la? Se ela não fosse tão arrogante, se não se sentisse a dona do mundo, eu a teria namorado.

— Encontrei-a alguns dias atrás e saímos para conversar. Parece outra pessoa. Mudou da água para o vinho depois que o pai morreu. A vida foi dura e ela aprendeu muito com isso. Mudou para melhor. Estou falando dela porque ela perguntou de você.

— De mim? Mas faz tanto tempo que não a vejo...

— Pois é, mas ela não o esqueceu. Quando me viu, foi logo perguntando de você. Afinal de contas, todos da classe sabiam que ela tinha uma queda por você.

— Ora, Júnior, coisas de adolescente...

— Para você, porque para ela acho que não, pois quando perguntou de você seus olhos brilharam.

— Não fale bobagens. Como sempre, tentando bancar o cupido. Além do mais, eu e Paulinha não temos nada a ver um com o outro.

— Será? Eu já disse que ela mudou. Não custa nada procurá-la para uma conversa. Ela me deu o endereço, se você quiser...

— Ela ainda mora naquela mansão?

— Não. Mudou-se para uma casa mais simples, em um bairro afastado. Parece-me que o pai dela, ao morrer, só deixou dívidas como herança.

— Quem diria! Mas a vida é assim mesmo, cheia de altos e baixos.

Júnior olhou o relógio e viu que passara de seu horário de café.

— Carlos, a conversa está ótima, mas tenho que ir. Antes, anote meu telefone. Quando quiser ligar, será um prazer. Ah, só mais uma coisa. O telefone e o endereço de Paulinha estão em minha agenda. Se quiser, é só pedir.

Carlos anotou o telefone do amigo e passou o seu para ele. Júnior saiu apressado, deixando Carlos na lanchonete.

Naquele instante, Carlos lembrou-se de sua adolescência e de Paulinha, aquela linda menina que, por causa de seu jeito imponente, afastava a todos.

Ele sabia que ela gostava dele, mas as atitudes dela o afastavam, não deixando margens para um possível namoro.

Carlos pagou a conta e saiu rumo ao escritório de seu amigo. Andou mais alguns minutos e parou em frente de um lindo edifício, com todos os andares ocupados por escritórios de várias finalidades, situado na rua principal do centro da cidade.

Apresentou-se na portaria, deixou a carteira de identidade e entrou no elevador que o conduziu ao oitavo andar. Ao sair, dirigiu-se à porta onde se podia ler uma pequena placa:

ESCRITÓRIO DE CONTABILIDADE HUMBERTO CAXIAS – ENTRE SEM BATER

Ao entrar, deparou com a secretária, que o atendeu com um singelo sorriso.

— Bom dia. Em que posso ajudá-lo?

— O Dr. Humberto está?

— Encontra-se em uma reunião. O senhor tem hora marcada?

— Não. Meu nome é Carlos. Sou amigo dele. Eu só queria trocar umas palavrinhas, mas, já que ele está ocupado, volto outra hora.

— Bem, já que veio, talvez ele queira falar com o senhor. Vou anunciá-lo — disse ela, medindo-o de cima a baixo. E, acionando o interfone: — Dr. Humberto, está aqui um amigo que deseja vê-lo. Seu nome é Carlos. O senhor o atende?

Após desligar o aparelho, ela virou-se para Carlos:

— O Dr. Humberto pediu para aguardar um pouco. Deseja beber alguma coisa? Uma água ou um café?

— Não, obrigado.

Carlos sentou-se em um banco e começou a folhear as revistas que estavam em uma mesinha de centro. Minutos depois, o interfone tocou. Do outro lado da linha, uma voz masculina pedia à secretária que fizesse o visitante entrar.

Carlos dirigiu-se à porta indicada.

— Com licença, Humberto. Não quero atrapalhar. Passei aqui apenas para saber como está.

— Imagine! Você nunca me atrapalha. Pelo contrário: fico feliz por vir conhecer meu escritório.

Humberto era um homem elegante, moreno, alto, de olhos verdes e expressivos, que se tornavam sedutores aos olhares femininos. Poucos eram seus amigos, mas os poucos que tinha lhe eram caros.

— Que bons ventos o trazem aqui?

— Hoje tirei o dia para rever velhos amigos, já que estou de férias e com tempo de sobra.

— Fez bem. Eu estava mesmo precisando conversar com os amigos. Você veio em boa hora.

— O que houve? Algum problema? Quando cheguei, sua secretária me disse que você não queria ser incomodado. Até pensei em voltar outra hora.

— Estou com todos os problemas do mundo em minha cabeça. É desanimador.

— Nossa, Humberto, reaja! Nunca o vi assim. O que está acontecendo?

— Se você está disposto mesmo a ouvir, sente-se bem à vontade, pois a história é longa.

— Não se preocupe. Você sabe que sou ótimo ouvinte — brincou Carlos.

— Bem, você conhece minha esposa, Joana. Aproximadamente um ano atrás, ao sair do escritório, fui com alguns amigos para uma casa noturna. Fazia muito tempo que eu não ia. Você sabe: depois que a gente se casa, esse tipo de programa é riscado da agenda. Pois bem... Naquele dia saí para me divertir. Joana tinha viajado com as crianças, e o caminho estava livre. Entre uma bebida e outra, vi uma mulher de extraordinária beleza. Fiquei deslumbrado. Loira, alta, corpo escultural, cabelos longos, exalava sensualidade e vigor. Entre uma olhada e outra, paramos para conversar. A noite ia alta e, quando dei por mim, estava com Matilde em meus braços, aos beijos e carícias ardentes. Saindo do bar, dei-lhe uma carona. Ela me convidou para subir até seu apartamento e resolvi entrar para um último drinque. Mesmo sabendo de sua intenção, deixei-me levar pelo fogo do momento. Naquela noite dei vazão a todos os sonhos de amor. Foi maravilhoso. Quando dei por mim, já havia amanhecido. Eu tinha tirado um cochilo, tempo suficiente para a bebida assentar, então me dei conta de que havia traído Joana. Você nem imagina como aquele ato doeu em minha consciência. Saí do apartamento sem fazer barulho. Deixei Matilde dormindo e prometi a mim mesmo que nunca mais a veria.

Humberto fez uma pausa. Sentiu uma leve dor no estômago

avisando-o que precisava se alimentar. Olhando para Carlos, fez-lhe um convite:

— Vamos almoçar? Pelo menos você me escuta com o estômago cheio.

— Vamos, sim.

Os dois saíram rumo a um restaurante que ficava nas redondezas. Chegando ao local, cada um pediu um prato rápido. Após se servirem, Carlos comentou:

— Pelo jeito, vocês não ficaram só naquela noite.

— Depois daquele encontro, fiquei com dor em minha consciência. Eu sabia que o que fizera fora errado. Passaram-se algumas semanas sem que nada tivesse ocorrido, e eu já nem pensava mais em Matilde. Estava levando a mesma vidinha de sempre: casa–trabalho, trabalho–casa. Em um belo dia, ao sair do escritório, quem encontro?

— Matilde? — Carlos respondeu com um meio sorriso.

— Ao vê-la, meus desejos sexuais afloraram. Convidei-a para um drinque e levei-a até um lugar discreto. Conversamos um pouco e novamente fomos para seu apartamento. Demos vazão a todos os nossos desejos sexuais. Daquele momento em diante, Matilde se tornou minha amante. Eu ia a seu apartamento duas vezes por semana. O tempo foi passando e eu, a cada dia, me afastava mais de Joana. Ela, ao perceber que eu estava estranho, começou a ficar desconfiada. Inevitavelmente começaram as brigas. Eu estava disposto a me separar de Joana para ficar com Matilde. Num sábado de manhã, tive uma briga feia com Joana, mais ou menos dois meses atrás. Naquele dia saí de casa decidido a me separar. Segui em meu carro rumo ao apartamento de Matilde, sem me preocupar se ela estaria lá ou não, pois eu possuía cópias das chaves das portas. Entrando, ouvi ruídos vindos do quarto. Caminhei até lá sem fazer barulho e encontrei-a com outro homem na cama. Ao vê-los, não tive reação. Saí de lá sem dar uma palavra.

Humberto fez uma pausa para tomar um gole de suco antes de continuar a narrativa.

— Como pude confiar tanto em Matilde, que dizia me amar, que queria se casar comigo, construir uma família? Tomei o néctar amargo de meu próprio veneno. Traíra Joana, que tanto me amava, e fui traído por quem tanto amei. Como diz aquele velho ditado, "aqui se faz, aqui se paga". Passei o final de semana em um hotel pensando em Joana, que sempre fora uma ótima esposa. Resolvi contar tudo a ela.

Os olhos de Humberto estavam cheios de lágrimas. Carlos ouvia-o atentamente. Notou as lágrimas e procurou distrair o amigo.

— Ora, Humberto, errar é humano. Além do mais, você pagou por esse erro. Aposto e ganho que Joana lhe perdoou.

— Sim, Joana me perdoou. Voltamos a viver em paz.

— Então qual é o problema? Joana o perdoou. Não estou entendendo.

— Agora é que vem o problema. Um mês depois dos últimos acontecimentos, Matilde me procurou no escritório pedindo perdão e, o que é pior, dizendo estar esperando um filho meu.

Carlos colocou a mão na boca, assustado. Mesmo sem saber o que dizer, tentou confortar o amigo:

— Que coisa. Avalio como se sentiu. O que você fez?

— Coloquei-a para fora do escritório e disse que não acreditava em nada do que ela dizia. Mas daquele dia em diante não tive mais sossego. Meu filho mais velho vive doente, Joana anda histérica, os negócios não caminham bem, estou gastando o que não tenho e ainda por cima sou obrigado a agüentar Matilde fazendo escândalos, dizendo que o filho é meu e que ela precisa de dinheiro.

— Realmente você está com problemas. Se eu fosse do tipo que acredita em coisas do outro mundo, eu o mandava procurar uma benzedeira, cartomante, mãe-de-santo, sei lá — disse Carlos, tentando levantar o astral do amigo.

— Não brinque com essas coisas. Minha secretária vive me mandando procurar ajuda espiritual. Ela disse que, cada vez que Matilde aparece no escritório, traz uma tonelada de espíritos negativos. Mas você sabe que também não acredito nessas coisas.

— Minha vizinha é espírita. Se para mim, que não tenho tantos problemas quanto você, ela vive dizendo que devo conhecer o espiritismo, nem imagino o que ela faria com você. Mas, brincadeiras à parte, se eu puder ajudar em alguma coisa, você sabe que pode contar comigo.

— Obrigado, mas você me ajudou muito só pelo fato de me ouvir. Já me sinto bem melhor.

— Amigo é para essas coisas. Sempre que quiser desabafar, conte comigo.

Continuaram entretidos na conversa, e o tempo passou depressa. Quando se despediram, Humberto se sentia mais aliviado. A presença de Carlos fizera-lhe bem. Cada um seguiu seu caminho, procurando ocupar-se com suas obrigações.

No final do dia, Carlos estava de volta a casa. A conversa com Humberto fizera-o perceber que seus problemas eram pequenos perto dos do amigo. Em sua opinião, Humberto havia agido errado e estava colhendo os frutos de suas atitudes.

Carlos, ao observar isso, pensou em sua própria vida, procurando respostas para tudo que lhe havia acontecido. Não encontrou. Lembrou-se do amigo que se foi, lembrou-se também das palavras de Amélia. Talvez ela tivesse razão: Deus deve saber o que está fazendo.

O próprio Humberto, ao dizer que "aqui se faz, aqui se paga", reconhecia que havia errado e estava arcando com as conseqüências.

Mas, e as crianças que nascem defeituosas? A que atribuir esse fato? Elas acabaram de nascer. Não tiveram tempo de cometer nenhum erro. Isso só seria compreendido se realmente elas houvessem tido uma vida anterior. Reencarnação? Mas quem iria querer vir à Terra aleijado?

Nesse misto de perguntas e respostas, Carlos acabou por adormecer.

Rui acordou disposto a sair daquele hospital. Como não havia nenhum empecilho, levantou-se. Ao andar, sentiu-se bem. Tomou um pouco da água que estava na jarra ao lado da cama. Agora, mais refeito, podia receber alta e ir para casa. Não via a hora de voltar a levar uma vida normal.

Quando entrou uma senhora em seu quarto, Rui, pensando ser uma enfermeira, foi logo falando:

— Olá. Como pode ver, estou ótimo. A senhora me faria a gentileza de chamar o médico responsável para poder me dar alta? Não vejo a hora de voltar para casa.

— Em primeiro lugar, acalme-se. Você está muito agitado, e isso não lhe fará bem. Façamos assim: deite-se, descanse mais um pouco. Falarei com Eduardo a seu respeito. Tenho certeza de que, assim que possível, ele virá vê-lo. Agora descanse.

Rui resolveu obedecer. Ela falava com muita calma, transmitia uma agradável sensação de paz. Ele se deitou novamente e, sem perceber, voltou a dormir.

Alba, ao sair do quarto, foi à procura de Eduardo. Andou um longo corredor até chegar à sala dele, deu uma leve batida na porta e entrou.

— Com licença.

— Entre, Alba. Vejo que está preocupada com Rui.

— Estou. Ele acordou de novo. Sente-se bem e deseja receber alta. Ainda não recobrou a consciência espiritual. Acha que está no plano terrestre e quer sair daqui. Conversei um pouco com ele e consegui fazê-lo descansar.

— Fez muito bem. Assim que ele acordar, avise-me, que irei falar com ele.

— Você vai dizer-lhe a verdade?

— Sim. Rui é um espírito muito ágil e esperto. Não há por que prolongar esse assunto.

— Acha que ele vai aceitar sua nova condição de vida?

— Ele ainda está muito preso à Terra. Confiemos no mestre Jesus, que o guiará pelo caminho reto.

— É verdade. Tem razão. Se ele não aceitar sua condição

e quiser voltar à Terra, não poderemos fazer nada. Confiemos no Criador.

Ao sair, Alba fez sentida prece, pedindo aos espíritos superiores que auxiliassem Rui a aceitar sua nova condição.

Alguns dias depois, Rui acordou. Dessa vez, decidido a procurar o médico daquele hospital, levantou-se e dirigiu-se à porta do quarto. Ao abri-la, deparou com Eduardo.

— Olá, Rui. Vejo que está bem.

— Oi, doutor. Estava indo à sua procura. Ainda bem que não precisei, pois confesso que me perderia neste hospital.

— O que posso fazer por você?

— Como o senhor pode ver, estou bem. Quero receber alta e ir embora. Se possível, desejo que avise minha família, para que eles possam vir me buscar.

— Rui, sente-se. Temos muito o que conversar. Não será possível pedir a seus familiares que venham buscar-lhe.

— Como não? Que lugar é este, ao qual ninguém tem acesso?

— Você está em uma colônia espiritual.

— Colônia o quê?

— Colônia espiritual. Você está em um pronto-socorro de refazimento para desencarnados.

— Desencarnados? Quer dizer que não estou na carne, é isso? Que palhaçada é essa, doutor? Tudo bem, eu sei que levei um tiro à queima-roupa. A princípio achei que estava morrendo, por causa da dor, que foi muito intensa, mas agora sinto que estou mais vivo do que nunca.

— Você está vivo, Rui, mas não como antes. No momento em que você levou o tiro, seu corpo carnal morreu, ocorrendo assim um desligamento natural de seu corpo astral, que é um invólucro basicamente semelhante à sua última existência na carne. A alma é imortal. No momento de seu desencarne, você foi prontamente socorrido e trazido para cá. Esteve por um bom tempo dormindo, para refazimento.

— Ha ha! Que legal! Estou morto e falando com outro morto. Era só o que me faltava. O senhor acha que devo acreditar nisso?

— Aceite sua nova condição, Rui. Será melhor para você.

— O senhor vai me desculpar, mas para mim isto aqui é um hospício.

— Pense no que eu lhe disse. Agora tenho que ir. Descanse um pouco. Irá lhe fazer bem.

Eduardo deixou o quarto e foi cuidar de outros pacientes.

Rui, ao ver-se só, deitou-se e deixou os pensamentos vagarem. Ele não conseguia acreditar no que Eduardo lhe falara. Pensou em seus pais, em seu trabalho, em Carlos, que para ele era mais que um colega de trabalho, era um irmão a quem muito estimava.

Naquele momento, desejou do fundo do coração estar em seu quarto, no aconchego do lar. Estava tão absorto em seus pensamentos que nem percebeu que havia voltado para casa e estava em sua cama. Quando deu por si, espantou-se:

— Ufa! Que pesadelo horrível!

Levantou-se animado, abriu o guarda-roupa, escolheu uma roupa e vestiu-se.

Ao sair, percorreu todos os cômodos da casa e não encontrou ninguém. Tentou abrir a porta da sala, mas sua mão passou pela maçaneta, fazendo-o sentir um frio na espinha. Disse a si mesmo:

— Deus do céu! Não é que morri mesmo!

Naquele momento, Rui chorou. Um choro doído como nunca havia sentido. E agora, o que fazer? Não sabia onde sua família estava. Não sabia voltar para o hospital, não sabia nem como havia chegado em casa.

Passou longo tempo pensando no que fazer e procurou acalmar-se.

"Preciso ir até a casa de Carlos. Ele deve saber onde está minha família", pensou.

Olhou para a porta e, num impulso, atravessou-a. Ao ver-se na rua, riu de si mesmo, pensando:

— Até que não é ruim... Ser fantasma tem suas vantagens. Agora vamos lá, espertinho. Como é que você vai chegar até a casa de Carlos?

Após uma breve reflexão, respondeu a si mesmo:

— Vou tomar um ônibus. Não vou pagar passagem mesmo!

Foi para o ponto. Depois de alguns minutos de espera, uma senhora deu sinal para o veículo desejado. Rui esperou-a subir e entrou atrás. Dentro do ônibus havia acentos vagos. Resolveu sentar-se. Ao mesmo tempo em que olhava a paisagem, pensava:

"Que loucura! Se eu contasse isso para alguém, ninguém acreditaria. Morto andando de ônibus... Que piada! Quem iria imaginar?"

O ônibus chegou ao ponto final, onde vários passageiros desceram, incluindo Rui, que continuou andando até chegar à casa de Carlos. Ao entrar na casa, uma dúvida passou por sua mente:

— Como vou falar com Carlos? Se estou morto, ele não vai me ver, quanto mais me ouvir. Que idiota! Por que não pensei nisso antes? Bem, já que estou aqui, vou vê-lo, pelo menos.

Ao se aproximar da cozinha, viu Maria fazendo o almoço, totalmente alheia à sua presença. Procurou por Carlos no andar de baixo. Não o encontrando, subiu os lances de escada que conduziam ao andar superior.

Entrando no quarto de Carlos, encontrou-o deitado, olhos perdidos em um ponto distante. Ao observar uma poltrona próxima à cama, espantou-se com a presença de uma mulher, que, ao vê-lo, começou a interrogá-lo:

— Quem é você e o que quer aqui?

— Eu é que pergunto!

— Essa não, cara! Eu perguntei primeiro.

— Certo. Meu nome é Rui. Sou amigo de Carlos. E você, quem é?

— Meu nome é Elvira e não sou amiga de Carlos — respondeu, desdenhosamente.

— Se você não é amiga dele, posso saber o que está fazendo aqui?

Rui olhou fixamente em seus olhos. Em um breve lampejo, lembrou-se dela. Sem dar brecha para a mulher responder, falou:

— Espere um pouco... Estou lhe reconhecendo... Você não é aquela mulher que morreu em um acidente de carro?

— Sou eu mesma, idiota! Por que essa cara de espanto? — respondeu ela, irritada com o interrogatório.

— Ei, calma! Não precisa ofender. Vou repetir a pergunta. O que você tem a ver com Carlos, para estar aqui?

— Nada e tudo.

— Como nada e tudo? Não estou entendendo. Se não for pedir muito, poderia explicar melhor?

— Por que lhe devo dar explicações?

— Por nada. Mas, olhe, estamos em um impasse. Ambos estamos mortos. Quer dizer, meio mortos, certo? Eu vim ver meu amigo, tentar pedir-lhe ajuda, descobrir onde estão meus familiares. Há pouco tempo eu estava em um hospital-colônia. Não sei como voltei à Terra, estou completamente perdido. Se você me esclarecer alguns fatos, talvez eu possa me situar.

— Tiras... Sempre com a mesma lábia! Está bem, vou lhe explicar — resmungou ela. — Não tenho nada a ver com a pessoa de Carlos. Antes do acidente, nunca o tinha visto.

— Por favor, para ficar mais fácil, para que eu possa entender melhor, vamos direto aos fatos.

— Já sei. Você quer me interrogar.

— Digamos que sim. Tenho muitas perguntas em minha mente. Posso começar?

— É por isso que não gosto de tiras: sempre folgados. Mas está bem, não tenho nada para fazer mesmo

— Jura dizer a verdade, somente a verdade?

— Juro, mas, e se eu não disser? Por acaso você vai me prender? — Elvira deu uma gargalhada.

— Bem, como ocorreu o acidente?

— Eu e Marcos estávamos em uma festinha, dessas de gente grande, com direito a pó e tudo o mais. Estávamos nos divertindo. Marcos era viciado em cocaína. Eu consumia de vez em quando, mas não era viciada. Estávamos em casa de amigos. A festa rolava em alta quando Marcos arrumou uma briga. Resolvi tirá-lo daquele lugar, pois as pessoas que estavam lá eram barra-pesada. Saímos. Marcos estava contrariado e nervoso. Pegamos nosso carro. Pedi a ele que me deixasse dirigir, mas não houve jeito. A noite estava chuvosa, e Marcos corria feito um louco. Pedi para ir mais devagar, mas ele não me ouvia. Quanto mais eu falava, mais ele corria. De repente, ele perdeu o controle do carro, que rodou na pista e foi de encontro ao poste. Só me lembro de ter gritado, mais nada.

— Entendo. Mas onde entra Carlos nessa história?

— Como estava dizendo, parece que desmaiei por algum tempo. Quando acordei, vi meu corpo estirado no chão coberto por jornais velhos. Fiquei desesperada, não estava entendendo aquela situação. Comecei a chorar. Quando vi vocês dois, resolvi me aproximar. Você estava fazendo gracinhas. Pensei: "Que imbecil! Por que ele não pega as piadas dele e... guarda?" Carlos estava mais sério. Não sei por quê, mas me senti mais segura perto dele. Eu não sabia o que fazer. Tentei chamar a atenção dele, mas foi em vão. Ele não me via nem me ouvia. Mesmo assim, fiquei agarrada a ele e aqui estou.

— Está certo. E agora, o que pretende?

— Não sei ao certo. Como já lhe disse, Carlos me passa segurança. Não sei o que fazer. Às vezes penso em procurar Marcos, mas sinto que ainda não é hora. Enquanto isso, ficarei próxima a Carlos. Amanhã ele voltará a trabalhar e irei com ele. Quem sabe, assim consigo melhorar?

— Carlos não está trabalhando?

— Não. Depois do que aconteceu com você, seus superiores lhe deram férias.

— Ah, bom... Mas ele não me parece bem para trabalhar.

Elvira não respondeu. Ela sabia por que Carlos estava daquele jeito, mas não disse nada.

Carlos não estava se sentindo bem. Suas férias estavam acabando. Ele quase não saíra de casa. A única vez que saíra, fora para ver Humberto. Depois ficara em casa sem ânimo nenhum. Ele pensava:

"Tenho que reagir. Não posso ficar assim."

Levantou-se decidido a sair.

Resolveu dar uma volta na praça que ficava a um quarteirão de sua casa. Os espíritos de Elvira e Rui o seguiram. Lá chegando, Carlos sentou-se em um banco. Seus companheiros sentaram-se a seu lado. O dia estava lindo. Sentiu o ar fresco da manhã batendo em seu rosto, o sol brilhava intensamente.

Ficou ali por um bom tempo, pensando em sua vida. Ao olhar para a frente, viu Amélia aproximar-se com uma sacola de compras nas mãos. Os dois espíritos também a viram, o que fez com que Elvira ficasse apreensiva.

— Vamos sair daqui, rápido!

— Mas por que tanta pressa?

— Vamos nos afastar. Depois lhe conto. Não temos muito tempo.

Os dois ficaram alguns metros afastados de Carlos. Rui, curioso, perguntou:

— Por que essa afobação? Não sabia que você tinha medo de senhoras indefesas...

— Não é exatamente dela, seu idiota! Essa mulher pode sentir nossa presença.

— E qual o problema? Melhor para nós. Assim ela avisa Carlos que estamos por perto e ele poderá nos ajudar.

— Ai! Pense um pouco, seu tonto! Essa senhora pode apenas sentir nossa presença. Ela não pode nos ouvir. Além do mais, ela acha que quero prejudicar Carlos. Sua intenção é nos levar ao centro espírita que ela freqüenta e nos afastar de Carlos. Eu conheço esses truques. Eles irão nos prender. Você quer ser preso?

— Não. Claro que não.

— Então fique aqui e quieto, pois quero ouvir o que eles falam.

Amélia, ao ver Carlos, cumprimentou-o cordialmente. Notando seu abatimento, resolveu sentar-se e conversar um pouco.

— Posso me sentar ao seu lado por alguns instantes? Assim, antes de seguir meu caminho, descanso um pouco em boa companhia.

— Claro, será um prazer.

— Sua mãe me disse que amanhã você voltará a trabalhar.

— É verdade.

— Que bom! Eu o estou achando ainda um pouco abatido. Você está se alimentando direito?

— Não ando com muito apetite. A única coisa que quero fazer é ficar na cama.

— O que é isso, filho? Desde que o conheço, nunca o vi assim. Ânimo!

— Estou tentando, mas, quanto mais tento reagir, mais vontade tenho de ficar parado.

Amélia sabia qual era o problema de Carlos, mas como ajudá-lo? A única maneira seria conduzi-lo ao centro espírita. Resolveu convidá-lo a ir à próxima sessão. Não queria ver aquele rapaz sofrendo. Decidida, tocou no assunto:

— Carlos, gosto muito de você. Tenho-o como um filho em meu coração e não quero vê-lo assim. Sei que estou me intrometendo em sua vida, mas tenho que falar. É meu dever como sua amiga.

— Falar o quê, Dona Amélia?

— Vou direto ao assunto. Essa sua indisposição é espiritual.

— Dona Amélia, a senhora vai me perdoar, mas não estou entendendo. O que tem a ver minha indisposição com os espíritos?

— É muito simples. Permita-me explicar. Quando chego perto de você, sinto a presença de um espírito sofredor, que provavelmente nem imagina que está lhe prejudicando. Nós chamamos esses espíritos de vampiros. Eles se aproximam de você e passam a absorver suas energias. Você se sente fraco, deprimido, sem forças. São espíritos ignorantes, perturbados, com medo de enfrentar as mudanças necessárias. Ficam presos a encarnados, sentem-se aliviados sugando suas forças vitais.

— A senhora quer dizer que esses espíritos estão se alimentando das minhas energias, é isso?

— Isso mesmo, meu filho.

— Mas por que esse espírito se aproximou de mim?

— Há vários motivos para que eles se apeguem a um encarnado, mas a aproximação só é possível quando se tem alguma afinidade. Em algum momento você deixou seu padrão energético baixo e atraiu esse espírito, que se ligou a você e agora está sugando suas energias.

— Quer dizer, então, que esse espírito está sugando minhas energias porque eu deixei?

— Sim, você abriu um canal vibratório para as entidades perturbadas.

— Abri como?

— Mantendo pensamentos tristes, negativos.

— Interessante...

— Hoje à noite teremos uma sessão no centro espírita do qual faço parte. Por que você não vai lá? Poderemos ir juntos. Assim você ficará sabendo como funciona nosso trabalho. Não custa nada e, depois, se você não gostar, prometo nunca mais tocar no assunto.

— Está bem. Irei com a senhora.

— Então está marcado. Passarei em sua casa às sete e meia.

— Combinado!

Os dois continuaram conversando sobre outras coisas. Elvira e Rui estavam ouvindo a conversa a certa distância, quando uma belíssima mulher que acompanhava Amélia se aproximou deles:

— Olá. Passeando?

Elvira, surpresa, trocou olhares com Rui.

— É. Estamos dando uma volta — respondeu Elvira, meio sem jeito.

— Permitam-me que eu me apresente. Meu nome é Sônia. Estou acompanhando Amélia. Ao vê-los, decidi conversar um pouco. Vocês estão acompanhando Carlos, não estão?

Elvira, mais uma vez, não sabia o que dizer. Rui tomou a fala:

— Estamos mesmo. Carlos é nosso amigo. Meu nome é Rui e o dela é Elvira. Muito prazer.

Sônia sorriu. Os dois retribuíram meio sem graça.

— Então me digam: em que missão vocês estão?

— Missão? Mas que missão? — perguntou Rui, espantado.

— Se estão acompanhando Carlos, presumo que estejam em uma missão muito importante, pois estão em dois.

Rui e Elvira ficaram surpresos. Não sabiam o que dizer. Elvira, sentindo o perigo por perto, resolveu responder, pois teve medo de que Rui colocasse tudo a perder.

— É, Sônia, tem razão... Nossa missão é muito importante mesmo. Estamos protegendo Carlos de alguns inimigos que querem levá-lo para o mau caminho. É por isso que estamos em dois.

— Então por que vocês não vêm comigo? Assim vocês descansam um pouco. Ambos me parecem abatidos. O que acham?

— Não, não, obrigada. Estamos ótimos, não é, Rui?

Ao perguntar para Rui, Elvira disfarçadamente lhe deu um cutucão.

— É... é, sim. Nós estamos ótimos. Obrigado, Sônia. Ih!

Olhe nosso protegido. Já está indo embora. Sônia, foi um prazer conhecê-la.

— Elvira, Rui, se precisarem de minha ajuda, é só me chamar. Terei enorme prazer em auxiliá-los.

— Obrigado. Até mais.

Ambos saíram correndo. Sônia ficou no mesmo local. Ao vê-los em disparada, elevou o pensamento e pediu:

— Senhor, ajudai-os a ver a verdade, a reconhecer os próprios erros e encontrar o caminho do bem.

Depois da conversa com Amélia, Carlos sentiu-se bem. A velha senhora lhe passara uma energia boa. Seria benéfico ir ao centro espírita, mesmo não acreditando muito nessas coisas.

"Não custa nada tentar", pensou Carlos.

Quando ele chegou em casa, sua mãe o recebeu com alegria:

— Filho! Que bom que chegou! Estava esperando você para almoçar.

— Ah, mãe, desculpe o atraso. É que encontrei Dona Amélia na praça e ficamos conversando. Estava tão bom que até esqueci da hora.

— Não faz mal. Venha. Vou servir o almoço.

— Dona Amélia me convidou para ir ao centro espírita hoje à noite. O que a senhora acha?

— Ora, meu filho, você sabe que eu gosto muito de Amélia. Ela é uma ótima pessoa. Simpatizei com ela desde a primeira vez que a vi. Sempre prestativa... Todas as vezes que precisamos dela, esteve pronta a nos ajudar. Porém, você sabe... Sou católica, portanto sou contra essas doutrinas que pregam a vida após a morte. Mas quem deve decidir é você. Faça o que achar melhor. Se achar que deve ir ao centro espírita com Amélia, vá, meu filho.

— Bem, a senhora sabe que não acredito muito nessas coisas, mas é que hoje, ao conversar com ela, não sei por quê, me deu uma vontade de conhecer esse centro... Mas vamos mudar um pouco de assunto. Com tudo isso que vem me acontecendo, esqueci de conversar com Francisco. A senhora sabe se ele e Ana já se decidiram?

— Por causa do trabalho e da faculdade, eu e sua irmã não temos nos falado muito. Você a conhece: trabalha e estuda de segunda a sexta-feira, chega em casa só para dormir e nos finais de semana sai para passear com Francisco. Quase nunca fica em casa.

— É. Mas, se ela pensa que esqueci de dar uma dura em Francisco por causa desse casamento que nunca sai, está muito enganada.

— Você tem razão. Chego a pensar que Francisco procura cada vez mais adiar esse matrimônio.

— É por isso que quero conversar com ele. Se está pensando que vai ficar protelando esse compromisso, está redondamente enganado. Papai já morreu, mas eu estou vivo. Não quero ver minha irmã mal falada pela vizinhança. A senhora sabe: os vizinhos comentam. Os dois já namoram há muito tempo, dormem fora todos os fins de semana, e isso pega mal.

— É verdade. Marcarei um jantar com os dois para definirmos uma data para esse casamento.

Os dois almoçaram conversando. Ao terminar a refeição, Carlos subiu para o quarto a fim de descansar. Elvira e Rui já se encontravam lá e estavam discutindo:

— Rui, temos que fazer alguma coisa para Carlos não ir a esse centro espírita hoje à noite.

— Mas por quê? Vai fazer bem a ele. Você não ouviu Dona Amélia dizer que o estamos prejudicando?

— Aquela velha está gagá. Além disso, se ele for, o que faremos para conseguir o que queremos?

— Muito simples. Carlos vai ao centro e nós iremos com ele. Chegando lá, nós nos apresentamos e falamos com ele. Pronto! Ele faz o que precisamos e fica sossegado.

— Largue a mão de ser burro, Rui! — gritou Elvira, colérica. — Se ele for e nós formos juntos, seremos presos e não conseguiremos nem chegar perto dele.

— Será que eles irão nos prender?

— Claro que sim. Pense um pouco... Eles acham que queremos prejudicá-lo. Se formos, estará tudo perdido.

— Mas aquela Sônia me pareceu uma boa pessoa. Ela estava com Dona Amélia. Já que eles vão juntos, poderemos falar com ela e explicar nossa situação. Quem sabe, ela nos ajuda?

— É, ela vai ajudar, sim. Vai ajudar a nos prender, idiota!

— Ei, não fale assim comigo! Veja se me respeita.

— Olhe, eu já perdi a paciência com você. Vamos deixar as coisas bem claras. Em primeiro lugar, eu estou aqui há mais tempo. Em segundo lugar, não dou a mínima para o que você pensa, portanto, se você quer ir a esse centro, vá sozinho. O problema é seu. Mas, depois que você se der mal, não diga que não avisei. Fique sabendo que nem eu nem Carlos vamos a esse lugar.

— Ah, é? Então me diga: o que vai fazer para impedi-lo de sair?

— Ainda não sei, vou pensar. Se você me deixar, é claro. Agora, cale a boca, que temos que achar um jeito de impedi-lo.

Rui resolveu contemporizar, afinal ele não queria ser preso nem voltar para o hospital. Elvira estava com a razão: o jeito seria ajudá-la a não deixar Carlos ir àquela sessão.

— Já sei o que vamos fazer — disse Elvira, eufórica.

— O quê? Diga logo.

— Percebi que, todas as vezes que me aproximo muito de Carlos, ele passa mal.

— Então você vai ficar agarrada a ele?

— Isso mesmo.

— E se ele passar mal e morrer também?

— Ele não vai morrer. Apenas sentirá um mal-estar e não poderá sair.

— E o que eu devo fazer?

— Escute meu plano. É o seguinte: Carlos marcou para sair às sete e meia, certo? Vamos deixá-lo se arrumar. Quando ele estiver na sala, nós dois nos encostamos nele, um em cada lado, ao mesmo tempo, e falamos em seus ouvidos para ele não sair, OK?

— Espero que funcione.

— Vai funcionar.

A tarde passou depressa. Como previsto, Carlos arrumou-se e foi para a sala esperar Amélia. Ainda faltavam alguns minutos para ela chegar.

Elvira e Rui estavam atentos, esperando o melhor momento para colocar o plano em prática. Em determinado momento, Elvira olhou para Rui e disse:

— É agora.

Ambos se posicionaram, cada um de um lado de Carlos, dizendo a seus ouvidos:

— Carlos, não vá. Você não está bem.

— Isso, Carlos. Você não está com vontade. Não vá.

Carlos, sem perceber, registrou aqueles pedidos. Um súbito mal-estar invadiu-lhe o corpo e foi aumentando. Sua cabeça parecia querer explodir. Tentou levantar-se do sofá para tomar um copo com água, mas não conseguiu. Viu tudo rodar e desmaiou.

Elvira e Rui, ao verem Carlos desmaiar, comemoraram.

— Conseguimos, Rui! Conseguimos!

— Será que ele vai ficar bem?

— Claro que vai. É só uma indisposição. O mais importante é que isso fará com que ele não saia de casa.

Maria encontrava-se na cozinha quando ouviu um barulho vindo da sala. Ao chegar ao local, encontrou o filho desmaiado. Correu até o armário onde guardava álcool, pegou uma garrafa e voltou para a sala, fazendo Carlos cheirar e esfregando o líquido em seu pulso. Ele voltou a si ainda um pouco tonto.

— Filho, você está melhor? Vou chamar o médico.

— Estou melhor, mãe. Foi só um desmaio. Já passou. Acalme-se.

Maria ajudou Carlos a levantar-se, fazendo-o sentar-se no sofá. Foi até a cozinha e pegou um copo de água.

— Tome. Vai lhe fazer bem.

Carlos pegou o copo e tomou toda a água. Estava trêmulo e pálido.

A campainha soou.

— Vá atender, mãe. Deve ser Dona Amélia. Explique que tive uma vertigem e estou descansando. Diga que não poderei sair e que marcaremos para outra semana.

— Está bem. Descanse um pouco.

Maria saiu para atender a amiga. Ao vê-la, relatou o que ocorrera. Amélia despediu-se e seguiu seu caminho lamentando o acontecimento.

Amélia chegou ao centro espírita pouco antes de a sessão começar. Queria falar com Afonso sobre seu vizinho. Ao vê-lo, foi logo a seu encontro.

— Boa noite, Afonso.

— Boa noite, Dona Amélia. Tudo bem?

— Comigo está tudo ótimo. Posso lhe falar um instante?

— Claro.

Amélia contou toda a história de Carlos. No final, Afonso esclareceu:

— Você tem razão. Pelo que me contou, tudo leva a crer que esse rapaz está sendo assediado por espíritos perturbadores. Coloque o nome e endereço dele na mesa de preces e vamos ver o que nossos mentores espirituais dizem a respeito.

Amélia fez o que Afonso sugeriu e foi sentar-se em sua posição à mesa.

Afonso deu início aos trabalhos. Em seguida, fez sentida prece pedindo a Deus por todos os espíritos necessitados. Leu um trecho do Evangelho, dando pequena explicação sobre o poder da prece edificante, no caminho do bem.

Os médiuns se prepararam para o trabalho de socorro espiritual. Após várias manifestações de espíritos sofridos, muitos conscientes e arrependidos de seus erros, o mentor espiritual manifestou-se por meio de uma das médiuns.

— Boa noite, queridos amigos. Examinamos o pedido de

ajuda feito esta noite por uma de nossas companheiras e informamos que esse rapaz se encontra acompanhado de espíritos perturbados. Eles o impediram de vir aqui esta noite e não querem nossa ajuda. Peço à companheira em questão que tenha um pouco mais de paciência e fé, pedindo a Deus em prece para que esses espíritos se tornem mais conscientes, percebam sua verdadeira situação e se disponham a cooperar com a vida, aceitando as mudanças necessárias a seu progresso espiritual. Elevemos nossos pensamentos a Jesus, pedindo luz para todos os espíritos que se encontram perdidos nas sombras, perdidos em suas próprias ilusões, rogando a Deus para que descubram as belezas da vida maior e se esforcem para trabalhar em favor de sua evolução. Que Deus os abençoe.

Um leve suspiro saiu da boca da médium enquanto o espírito se desligava. Afonso fez uma prece agradecendo e encerrou a sessão.

Amélia saiu do centro aliviada. Sabia que as palavras do mentor espiritual haviam sido dirigidas a ela, referindo-se a Carlos. Ficou contente, pois seu pedido fora encaminhado. Iria rezar para que Carlos se libertasse daqueles espíritos o mais rápido possível.

Chegou em casa e fez suas preces, agradecendo a Deus por mais um dia de vida. Adormeceu e sonhou com seu marido e seu filho. Seu espírito fora se encontrar com as duas pessoas que mais amava neste mundo.

capítulo 4

Humberto acordou irritado. Não dormira bem a noite. Sua cabeça doía. Olhou para o relógio sobre o criado-mudo: estava na hora de levantar-se. O corpo ainda pedia cama, e com muito custo Humberto levantou-se, tomou um banho, arrumou-se e foi até a cozinha tomar o café da manhã. Joana, sua esposa, já estava à mesa com uma xícara nas mãos.

Humberto sentou-se sem olhar para a mulher.

— Um bom-dia não mata ninguém — disse ela, irritada.

— Bom dia para quem? Para você, pode até ser. Para mim, não.

— Olhe, Humberto, estou cansada desse seu mau humor. Não tenho culpa das besteiras que você fez.

— Isso, jogue em minha cara que a culpa de tudo que está acontecendo é minha.

— Mas é sua, pois foi você quem arrumou uma amante. Se agora ela resolveu cobrar os direitos dela, o problema é seu.

— Está bem. Não estou a fim de brigar.

— Foi você quem começou. Além do mais, estou sendo muito paciente com você.

— Chega, Joana! Não vê que estou cheio de problemas? Não me venha com cobranças.

— Você fala que está com problemas, mas, e eu? Coloque-se em meu lugar. Primeiro, você arruma uma amante, briga comigo e sai de casa, volta depois de dois dias e pede perdão... Até aí, tudo bem. Mas um mês depois sua ex-amante vem ao meu portão fazer escândalo, dizer que está grávida do meu marido, contando isso aos quatro ventos, em alto e bom som. Como se não bastasse, seu filho mais velho começa a ter convulsões, uma atrás da outra, sem deixar você dormir. E, acima de tudo, começa a faltar dinheiro para pagar as contas do mês. E então, Humberto? Só você tem problemas?

Ele não respondeu. Sabia que tudo que acabara de ouvir era verdade. Se sua vida pessoal estava tumultuada, a culpa era sua, só sua. Por que se envolvera com Matilde se amava Joana? Não conseguia entender como ficara obcecado por ela.

Levantou-se da mesa sem dar uma palavra, foi à garagem, entrou em seu carro e saiu rumo ao escritório. No caminho, um engarrafamento irritou-o mais ainda. Marcara uma reunião importantíssima que, se conseguisse fechar o contrato, aliviaria sua situação financeira. O engarrafamento era grande.

Duas horas depois, conseguiu chegar ao escritório.

— Bom dia, Clara.

— Bom dia, Dr. Humberto. Tenho péssimas notícias para o senhor. O Dr. João esperou-o mais de uma hora, desistiu e pediu para o senhor entrar em contato com ele assim que possível. E... mais uma coisa...

— O que foi?

— Há uma pessoa esperando-o em sua sala. Tentei impedi-la, mas ela ameaçou fazer escândalo e o Dr. João estava à sua espera, então decidi deixá-la entrar.

— Fez bem. Não precisa nem me falar de quem se trata. Não me faltava mais nada. Bem, deixe-me ver o que ela quer desta vez... Clara, não estou para ninguém.

Humberto caminhou em direção à sua sala. Dessa vez colocaria as coisas nos eixos. Matilde iria sentir sua fúria. Ao entrar, foi logo dizendo:

— O que quer aqui, Matilde?

— Estou precisando de dinheiro. Você sabe que agora como por dois e tenho que preparar o enxoval do bebê.

— Não tenho dinheiro. Se for só isso, pode se retirar.

— Ah, é? Como assim, pode se retirar? Estou aqui porque preciso de dinheiro. Tenho contas para pagar.

— Já disse que não tenho dinheiro. Além do mais, nem sei se esse filho é meu. Agora saia daqui. Caso você não tenha percebido, estou em meu local de trabalho. Fora! E não me procure mais. Quando essa criança nascer, se for minha, eu assumo.

Humberto, enfurecido, pegou Matilde pelos braços e conduziu-a para fora do escritório, batendo a porta em seguida, deixando-a furiosa e sem saber o que fazer.

Ela pensou em armar um escândalo, gritar, mas desistiu, pois estava em um prédio comercial. Após alguns minutos de nervosismo, decidiu:

"Ele me paga. Vou falar com mãe Francisca para apertar o cerco."

Com esse pensamento fixo, rumou para o terreiro de mãe Francisca. Ao chegar, foi logo entrando. O salão era nos fundos da casa. Ao passar pelo longo corredor estreito que ela já conhecia muito bem, parou em uma fila na qual várias pessoas esperavam pela consulta.

Após trocar algumas palavras com a última da fila, Matilde ficou absorta com seus pensamentos de vingança, esperando sua vez de ser atendida.

Mãe Francisca era muito conhecida no bairro. Sua fama era grande. Quem não a temia, respeitava-a. Nunca ninguém se atreveu a contrariá-la, pois todos acreditavam em seu poder para fazer o mal.

Ela executava trabalhos e despachos em seu terreiro. No local, havia várias entidades de aparência desagradável andando de um lado para o outro, ocupadas com suas tarefas.

Mãe Francisca usava sua sensibilidade para entrar em contato com espíritos perturbados, que se diziam justiceiros, pretendendo fazer justiça por conta própria, que pertenciam às mais atrasadas zonas do umbral.

Sua clientela era predominantemente feminina. Algumas moças queriam amarrar os namorados, julgando ser essa a única forma de serem felizes com eles. Outras queriam destruir lares para ficar com os amantes. Todas se utilizavam da feitiçaria.

Matilde estava impaciente. Já estava ali havia mais de três horas quando a mulher que estava na sua frente saiu da consulta com ar alegre. Matilde finalmente entrou.

O lugar era sinistro. Na sala, um altar com algumas imagens de santos na parte de cima. Mais abaixo, imagens de homens com chifres e mulheres seminuas pintadas de vermelho. No chão, várias oferendas para essas entidades: pratos e mais pratos com galos mortos, flores, perfumes e alimentos.

Ao entrar, Matilde sentiu um arrepio. Não gostava daquele lugar, mas era ali que estava realizando seus desejos. Sentou-se em uma cadeira que lhe estava reservada em frente de mãe Francisca, que a recebera com um sorriso.

— Mãe Francisca, vim aqui por causa daquele trabalho que fizemos. Acho que não está dando resultado. Ainda hoje, fui ver Humberto e ele me escorraçou de seu escritório como se eu fosse um bicho.

A mãe-de-santo ouviu atentamente. Quando Matilde terminou, mãe Francisca fechou os olhos, tentando concentrar-se. Após alguns instantes, respondeu:

— Filha, você tem que ter paciência. O trabalho está em andamento. Temos duas entidades na casa de seu homem provocando brigas e desentendimentos. Temos mais uma em seu escritório, segundo acabam de me informar. Estamos prestes a atingir nosso intuito.

— Mas ele não quer me ver. Não adiantará fazê-lo brigar com a esposa. Eu o quero de volta para mim.

— Vamos com calma. Nosso plano é fazê-lo primeiramente brigar com a esposa e sair de casa. Conseguindo isso, ficará mais fácil fazê-lo voltar para você. Temos que fazer uma coisa de cada vez, mas teremos que reforçar o trabalho.

— Como assim?

— Temos que dar mais oferendas para as entidades. Como já lhe disse, elas não trabalham de graça. Além do mais, o trabalho é difícil.

— Mas não tenho condições de pagar mais. Humberto não quer me dar dinheiro; disse que só vai me dar alguma coisa depois que esta criança nascer.

— Dê um jeito, minha filha, senão nosso trabalho vai por água abaixo.

— Isso nunca, de jeito nenhum! Está bem, dou um jeito. Humberto tem que voltar para mim antes de o bebê nascer. A senhora sabe: se ele pedir o teste de paternidade, descobrirá que o filho não é dele. Aí, sim, ele nunca mais vai querer me ver. De quanto a senhora precisa?

— Três mil.

— Tudo isso? É muito dinheiro.

— É pegar ou largar.

— Está bem. Ainda hoje eu lhe trago essa quantia.

— Então fico esperando. Mais alguma coisa?

— Não, obrigada.

— Peça para a próxima entrar, por favor. Até mais.

Matilde despediu-se e saiu planejando pedir dinheiro emprestado para pagar o trabalho. Mesmo sabendo que mãe Francisca ficaria com mais da metade daquele dinheiro, pensou:

"Não faz mal. Pelo menos terei Humberto só para mim."

Matilde foi embora daquele lugar com a certeza de que em breve teria Humberto de volta a beijar-lhe os pés.

Após a saída de Matilde, Humberto ficou mais nervoso. Passou o dia inteiro dentro de sua sala, sem falar com ninguém. No fim do dia, pensou:

"Meu Deus, o que vou fazer da minha vida?"

Lembrou-se da conversa que tivera com Carlos. Os dois

sempre foram amigos. No mesmo instante, pegou o telefone e ligou para a casa dele.

— Alô, Carlos. Aqui é Humberto. Tudo bem?

— Tudo bem. E você, como está?

— Cada vez pior. Não sei o que fazer da minha vida. Que tal sairmos hoje à noite e tomarmos um refrigerante? Se você estiver disposto a escutar minhas lamentações, claro.

— Sinto muito, mas hoje não dá. Esta noite volto a trabalhar. Que tal amanhã?

— Ótimo! Está marcado. À noite, no mesmo restaurante da última vez.

— Combinado.

— Bom trabalho e até amanhã.

— Para você também. Até.

Humberto desligou o telefone, permanecendo imerso em seus pensamentos mais algum tempo. O expediente havia acabado e ele decidiu ir embora.

Foi direto para casa. Lá chegando, encontrou Joana sentada no sofá da sala, vendo televisão.

— Boa noite, Joana. O jantar está pronto?

— Está tudo em cima do fogão. Eu e as crianças já jantamos.

Joana respondera sem tirar os olhos do televisor.

— Vou tomar um banho e em seguida janto.

Ele foi para o quarto e não percebeu quando dois espíritos se aproximaram dele e disseram:

— Você viu o jeito como ela falou com você? Nem para levantar e esquentar a comida... Tudo bem que você errou, que não é nenhum santo, mas, também, ela não precisa tratá-lo como um cachorro. Exija seus direitos de marido. Se eu fosse você, não a deixaria agir assim. Volte lá e mostre para ela quem é o dono da casa.

Humberto tomou o banho registrando tudo que os dois desencarnados lhe diziam, como se esses pensamentos fossem seus. Irritado, decidiu:

— Está certo. Quem ela pensa que é para me tratar tão friamente? É minha esposa e deve cumprir suas obrigações.

Foi para a cozinha e, ao tocar nas panelas que estavam em cima do fogão, percebeu que a comida estava realmente fria. Voltando para a sala e encontrando Joana na mesma posição que a deixara minutos atrás, ficou furioso:

— Joana, por que você não esquenta a comida?

Joana, sem tirar os olhos da televisão, respondeu:

— Esquente você. Que eu saiba, você tem duas mãos.

— Escute aqui... Estou cansado, tive um dia difícil. Tudo que eu queria era chegar em casa, comer uma comida quente e descansar. Mas, não. Chego em casa, encontro a comida fria. E minha mulher ainda me manda esquentar.

Joana, também envolvida pelas entidades trevosas, resolveu provocá-lo ainda mais.

— Sou sua mulher, não sua escrava. Se quiser a comida quente, vá pedir a Matilde. Talvez ela lhe sirva um banquete completo.

— Agora chega! Você já passou dos limites. Qualquer coisa que eu faça é motivo para você colocar o nome de Matilde no meio. Chega!

— Chega, você! Se quiser, coma comida fria. Vire-se!

— Vou jantar fora. Se quer briga, brigue sozinha.

— Ah! Dinheiro para jantar fora você tem... Se sair por aquela porta, nem precisa voltar.

— Pois é isso mesmo que farei. Quero a separação. Eu devia ter feito isso há muito tempo.

— Isso. Saia. Vá correndo chorar as mágoas no colo de Matilde. É para isso mesmo que ela serve.

— Vou me separar de você, mas não é para ficar com Matilde. É para ter sossego.

— Faça isso. Acho melhor mesmo. Nosso casamento acaba aqui — respondeu ela, resoluta.

Humberto foi para o quarto, pegou algumas peças de roupa

e cobertores e deixou a casa. Estava resolvido: iria se separar. Provisoriamente, ficaria no escritório.

Os dois espíritos trevosos que estavam no local comemoraram, pois haviam cumprido sua tarefa.

Carlos saiu para trabalhar. Rui e Elvira o acompanharam. No distrito policial, foi apresentado a seu novo parceiro.

Fernando era um moreno alto e robusto, com jeito de poucos amigos, desses que, só de olhar, dá medo. Tinha trinta e nove anos, quinze deles na corporação. Era uma pessoa de má índole. Gostava de ver os outros sofrer, tinha prazer em maltratar e humilhar as pessoas.

Rui e Elvira, vendo o novo parceiro de Carlos, também viram o espírito que o acompanhava. Tratava-se de um ser trevoso, com uma sombra escura em volta da aura. Sentiram logo que não se tratava de gente do bem. Mesmo assim, Rui resolveu se apresentar:

— Olá, eu sou Rui. Ela é Elvira. Somos amigos de Carlos.

— E daí? Sou Renato. Digam logo o que querem e dêem o fora.

— Lamento lhe informar, caro Renato, mas eu e Elvira não queremos nada de você. E também não vamos dar o fora. Estamos acompanhando Carlos.

— Vocês estão acompanhando quem? — riu Renato, medindo-os de cima a baixo.

— É isso mesmo o que você ouviu.

— Olhem aqui: se vocês não derem o fora, vão sofrer sérias conseqüências.

Rui não se intimidou, afinal ele era policial. Sabia lidar com esse tipo de pessoa.

— Olhe aqui, você! É bom se acostumar com nossa presença, pois não vamos sair de perto de Carlos.

Renato, após medi-los de cima a baixo novamente, percebeu tratar-se de principiantes. Riu gostosamente antes de responder:

— Por mim, fiquem onde quiserem. Só não se metam em meus assuntos.

Elvira puxou Rui para o canto. Queria falar-lhe em particular, sem saber que, mesmo à distância, Renato poderia acompanhar a conversa.

— Rui, não fui com a cara desse sujeito. Ele me parece ser perigoso. É melhor ficarmos longe dele.

— Não se preocupe. Sei o que estou fazendo. Vá por mim: ele não nos fará mal.

— Tudo bem. Só espero que você saiba mesmo o que está fazendo.

— E sei. Ele disse para não nos metermos em seus assuntos. É sinal de que alguma ele vai aprontar. Ao invés de ficarmos longe, vamos é nos aproximar até ganharmos sua confiança, assim ele nos conta o que está querendo com esse tal de Fernando.

— Para que você quer saber?

— Pense um pouco, Elvira. Carlos e Fernando irão trabalhar juntos. E se esse cara que anda com ele resolve fazer alguma coisa contra Carlos? Temos que ficar atentos. Nós não sabemos o que pode acontecer. Assim que possível, puxe papo com esse tal de Renato, certo?

— Está certo. Irei jogar meu charme de mulher fatal em cima dele. Nenhum homem, mesmo morto, resiste.

Os dois riram e voltaram para perto de Carlos, que estava conversando com seu novo parceiro:

— Bem, Fernando, já que vamos trabalhar juntos, quero que você saiba sobre meu estilo de trabalho. Eu não gosto de ficar batendo à toa em marginal, mas também não os trato bem. Sou apenas profissional, cumpro meu dever nos limites da lei em qualquer situação.

— Concordo, mas em alguns casos precisamos usar a força física.

— Só a uso quando realmente há necessidade. Gostaria que você fizesse o mesmo.

— Por mim, tudo bem.

— Agora vamos fazer nossa ronda.

Carlos e Fernando entraram no carro, ambos no banco da frente. Atrás, em silêncio, estavam Elvira, Rui e Renato. Este resolveu indagar:

— O que vocês querem com esse tira? Pelo jeito, vocês nem sabem o que estão fazendo. São novatos.

— Por que acha que somos novatos? — perguntou Elvira, tentando ser agradável.

— Ora, está na cara. É só olhar para você, com as marcas no rosto ainda em evidência. Já dá para saber que passou para o lado de cá por motivo de acidente e não faz muito tempo. Mas você ainda não respondeu: o que querem com esse tira?

— Bem, já que você tocou no assunto, vou contar minha história para você.

Elvira relatou com detalhes todos os acontecimentos que a levaram ao desencarne. Ao finalizar, acrescentou:

— Estou com Carlos por não saber bem o que fazer e pretendo ir até Marcos assim que possível.

— Bem se vê que são novatos mesmo. Não conhecem nada. O que vocês precisam é aprender como proceder neste novo mundo. É só isso. Se quiserem, posso ensiná-los.

— Jura? Você nos faria esse favor?

— Mas é claro! É moleza. É como tirar doce das mãos de uma criança. E você, Rui? O que quer com o tira?

Rui contou sua história desde o desencarne. Falou do hospital para onde fora levado, sua volta à esfera terrestre e sua ida à casa de Carlos. Completou:

— Bem, eu e Elvira já contamos nossas histórias. Que tal você contar a sua?

— Rui está certo, Renato. Afinal de contas, o que você quer com Fernando?

— Não sou eu quem quer.

— Como assim? — perguntou ela, espantada.

— É simples. Fernando não é um homem de muitos amigos. Pelo contrário: há muita gente querendo ver seu mal. Uma dessas pessoas procurou a organização e pediu para darmos um jeito nele. Meu chefe passou essa missão para mim e eu a estou executando.

— E o que você vai fazer com ele?

— Isso já não posso falar. Não tenho permissão. É estritamente proibido.

Rui ficou curioso e perguntou:

— Você tem chefe? Explique direito.

— Faço parte de uma organização. Como toda organização, temos hierarquia. Temos chefes, assessores, secretários e funcionários. Fazemos qualquer tipo de trabalho. Primeiro, o pedido é analisado pelos chefes e assessores. Se aceito, é passado para um funcionário, escolhido de acordo com suas características. Os mais difíceis são entregues nas mãos dos melhores. Os mais simples são entregues a outros com capacidade para resolvê-los.

— Interessante. E como se paga por esses serviços?

— Bem, se for contra um encarnado, o pagamento é feito com oferendas das quais tiramos todos os fluidos necessários para nos mantermos. Se for contra um desencarnado, paga-se com o trabalho. Nunca trabalhamos de graça.

— E que tipo de pedido é executado?

— Todos. Não fazemos restrições. Basta que o pedido seja aprovado.

Carlos parou o carro próximo a uma residência. Iria registrar uma ocorrência de furto. Elvira, ao perceber que o momento estava favorável para falar com Rui em particular, chamou-o a um canto:

— Você ouviu Renato dizer que o que queremos é fácil. Que tal se pedirmos sua ajuda?

— Não sei. Esse cara não me inspira confiança. Acho melhor não.

— Ai, Rui! Largue a mão de agir como um policial! Não vai custar nada. Ele não disse que era para não atrapalharmos seus planos? Então! Ele nos ajuda e caímos fora.

— Não sabemos com quem estamos lidando. Algo me diz para não nos misturarmos com essa gente.

— Não seja tolo! Vou falar com Renato assim mesmo.

Carlos e Fernando fizeram o registro da ocorrência e voltaram para o carro. A noite estava calma e sem muito trabalho. Efetuavam apenas a ronda noturna habitual.

Elvira, contra a vontade de Rui, perguntou a Renato:

— Você disse que o que queremos é fácil. Pode nos ajudar?

— E o que eu ganho com isso?

— Você disse que não queria que atrapalhássemos seus planos. Pois bem: se você nos ajudar, vamos embora e o deixamos em paz.

— Está bem. Mas terei que pedir autorização aos meus superiores. Vocês também terão que falar com eles.

— E onde eles estão?

— Ao amanhecer acaba meu turno, e outro virá para me substituir. Se quiserem, eu os levo até o local.

— Queremos, sim. Nós vamos, não é, Rui?

— Vamos. Vamos, sim.

Rui não estava gostando nada daquela idéia, mas Elvira era teimosa. Ele iria somente para não a deixar sozinha.

A noite passou vagarosamente. Ao amanhecer, Renato deixou Fernando aos cuidados de seu substituto e os três saíram rumo à organização.

Lá chegando, Renato conduziu Rui e Elvira por um pequeno corredor que levava a um salão nos fundos de uma casa. Quando entraram no local, Elvira comentou:

— Mas isto aqui é um terreiro de macumba!

— Exatamente. Sentem-se nestes bancos. Vou pedir para meus superiores os atenderem.

Rui, ao vê-lo afastar-se, disse a Elvira:

— Vamos dar o fora. Não estou gostando nada deste lugar.

— Acalme-se! Nem parece que é um policial. Isto aqui é

só um terreiro de macumba. Tudo bem que é da pesada, mas vamos ficar.

— Como é que você sabe? Você era freqüentadora desses lugares?

— De vez em quando eu procurava uma mãe-de-santo conhecida minha. Quando as coisas não iam bem, eu sempre pedia ajuda aos orixás.

— Orixás? O que é isso?

— São santos africanos. Aqui no Brasil, são cultuados pelo candomblé. Cada santo tem suas danças e seus rituais. É muito bonito.

— Eu, hein... Você já deve ter se enfiado em cada lugar! Minha formação sempre foi cristã. Acho que esses lugares são coisas do demo.

— Não seja ignorante. Como pode falar de algo que você não conhece?

— Ora, todo mundo fala que esses centros espíritas, terreiros de umbanda, candomblé trabalham com coisas malignas.

— Isso é o que a maioria fala, mas não é verdade. Eu, por exemplo, sempre procurei esses lugares para me limpar, me desfazer de energias negativas. Existem muitos lugares que praticam a caridade e trabalham em prol do próximo. O terreiro que eu freqüentava só fazia o bem, mas neste aqui, pelo jeito, só praticam o mal.

— Está vendo? Você mesma está dizendo que este lugar não é bom. Vamos embora.

Elvira não teve tempo de responder. Renato os interrompeu:

— Meu chefe concedeu alguns minutos para vocês. Venham comigo.

Renato conduziu-os até uma pequena sala. Ao entrar, depararam com um homem moreno, de cabelos grisalhos, olhos grandes e assustadores, sentado atrás de uma mesa.

— Renato me falou que vocês estão precisando de ajuda. Pois bem: digam logo o que querem.

Elvira lançou um olhar para Rui. Decidida, começou a falar:

— Sabe o que é? Desencarnei em um acidente de automóvel. Meu marido ficou vivo. Desde então estou junto ao policial que fez a ocorrência do acidente. Quero me comunicar com Marcos, estar a seu lado para ajudá-lo, mas nem sei por onde começar. Ainda estou meio perdida.

— Sei. E o que você quer com seu marido?

— Quero ajudá-lo e ficar com ele até passar para o nosso lado.

— Mas e se ele estiver com outra mulher? O que você vai fazer?

— Outra mulher? Nunca! Marcos é meu!

— Não se esqueça de que ele está sozinho. Sabe como são os homens...

— Nunca, nunca permitirei que Marcos fique com outra. Afinal de contas, foi ele quem provocou o acidente.

O homem atrás da mesa já sabia qual era a intenção de Elvira, que, ao ser questionada sobre o marido, ficou transtornada. Os olhos dela faiscavam de tanto ódio, só de imaginar Marcos com outra.

Foi Seu Zé, como era chamado o chefe daquele lugar, quem quebrou o silêncio:

— E você, Rui. O que quer?

— Eu só quero ver minha família.

Zé, ao ouvir a resposta de Rui, balançou a cabeça, pois sabia que era essa a única intenção de Rui.

— Pois bem, vou ajudá-lo. Mas existe um porém. Aqui não fazemos nada de graça. Em troca, vocês executarão um trabalho para mim.

— E o que teremos que fazer? — indagou Rui.

— É muito simples. Vou designar uma pessoa para resolver o caso de vocês. Em troca, vocês me ajudam a resolver outro caso. Só assim estaremos quites.

Elvira, mais calma, aceitou de imediato. Rui, após pensar

um pouco mais, aceitou também, porque, além de querer ver a família, não poderia deixar Elvira sozinha naquela história.

Após a confirmação dos dois, Zé olhou para Renato e disse:

— Veja onde se encontram os familiares de Rui e leve-o até eles. Em seguida, deixe Elvira na casa do marido e dê a ela algumas instruções de como deve agir. Deixe-os por uma semana e depois veremos. Agora vão.

Os três saíram da sala. Renato deixou os dois novamente na sala de espera e foi verificar os endereços pedidos. Após algum tempo, voltou.

— Vamos. Já peguei todas as informações de que precisava.

— Renato, posso fazer uma pergunta?

— Diga, Rui.

— Como você fez para achar meus familiares tão rápido?

— É muito simples. As coisas aqui não acontecem como na Terra. Temos pessoas especializadas que só cuidam disso. Em fração de segundos, conseguimos localizar qualquer pessoa que esteja no plano terrestre.

— Você falou em plano terrestre... Eu, por exemplo, tenho uma avó que já desencarnou há muitos anos. Você poderia localizá-la?

— Aí depende muito do local em que ela se encontra.

— Como assim? Você não tem acesso a todos os locais?

— Não. Com o tempo, você vai aprender que, em nosso plano, um não se mistura com o outro; varia muito de grupo para grupo. Por exemplo, existem várias organizações como esta espalhadas na Terra, porém uma não se mete no trabalho da outra. Cada qual tem seu território e sua forma de conduzir as coisas. Entendeu?

— Entendi. Se minha avó estiver em um desses grupos, você não poderá localizá-la.

— Isso. Agora vamos. Não tenho tempo a perder.

Renato conduziu-os até a casa onde a família de Rui havia se instalado. Sua mãe, após o desencarne do filho, decidira mudar de cidade. Rui encontrou sua mãe chorosa. Correu para abraçá-la.

Deolinda, de certa forma, registrou a presença do filho, o que fez com que ela chorasse mais ainda.

— Mamãe, não chore. Estou aqui.

Renato interveio enérgico:

— Não a abrace, Rui! Assim ela registra sua presença, e isso a faz chorar mais.

— Mas ela é minha mãe! Quero falar com ela.

— Para ela, você morreu. Ela não vai ouvi-lo. Fique com sua família sem se aproximar muito deles. Agora eu e Elvira temos que ir. Quando for o momento, volto para buscá-lo.

— Está certo. Até mais.

Renato e Elvira saíram rumo a um apartamento no centro da cidade. Era a casa de Marcos. Ao entrarem na sala, Elvira quase teve um colapso.

— Meu Deus, que bagunça! Que sujeira! Aposto que Marcos não limpa este apartamento desde o dia em que saí daqui. Que horror!

A sala estava em completa desordem: roupas espalhadas sobre o sofá, copos com restos de bebida na mesinha de centro, sobras de comida pelos cantos. Elvira nunca fora uma boa dona de casa, mas o apartamento estava sempre arrumado.

Minutos depois, foi até o quarto. Ao entrar, ficou colérica. Marcos estava dormindo com outra mulher.

— O que significa isso, Marcos?

Elvira batia no rosto dele, na tentativa de acordá-lo.

— Marcos, acorde! Quem é essa vagabunda? Vou matá-lo!

Marcos acordou gritando, fazendo com que sua companheira também acordasse.

— O que houve, Marcos? — perguntou Elisabete.

— Tive um pesadelo horrível. Sonhei que Elvira estava me batendo por ter me visto com você.

— Ora, meu amor. Foi só um sonho. Ela está morta, e pronto.

— É, você tem razão. Talvez tenha sido minha consciência que doeu. Você é a primeira mulher com quem saio depois da morte de Elvira.

— Esqueça isso. Elvira infelizmente morreu e não há nada que você possa fazer para mudar isso.

Ao ouvir a conversa, Elvira não se conteve:

— Morta vai ficar você, sua sirigaita, porque vou lhe matar, e é agora!

Elvira estava indo para cima da mulher quando Renato a segurou:

— Acalme-se! Desse jeito você não vai conseguir nada. Pense um pouco, não faça nada precipitadamente.

— Não quero me acalmar. Largue-me. Eu vou matá-la.

— Você não vai conseguir matá-la. Se você se acalmar, eu lhe ensino um jeito de tirá-la daqui.

Elvira procurou controlar-se, ficar mais calma. Ficou longo tempo meditando sobre sua vida. Quando se sentiu um pouco melhor, disse:

— Pronto, estou mais calma. Agora me ensine como me livrar dessa mulher.

— É muito simples. Mantenha a calma. Encoste-se em Marcos, faça-lhe um carinho, diga em seus ouvidos que o ama, envolva-o com seu amor. Ele vai registrar seus pensamentos e mandar a outra embora. Pelo menos por hoje, você irá afastá-lo dela.

— Por hoje? Mas quero afastá-lo dela para sempre.

— Não é assim que acontece. As pessoas que estão aqui na Terra seguem seu livre-arbítrio, por isso ele tem o direito de escolher ouvi-la ou não. Cabe somente a ele.

— Como assim?

— Como a palavra mesmo diz: livre-arbítrio. É o direito que todos temos de escolher o que achamos melhor para nós.

— Nem você tem como fazê-lo escolher ficar sem ela? Afinal de contas, vocês me parecem ser tão poderosos...

— Bem, se ele escolher seguir nossos pensamentos, sim. É

um trabalho demorado, mas somos persistentes. Geralmente conseguimos envolver os encarnados.

— E você pode me ensinar a envolvê-lo a tal ponto que ele nunca mais queira ninguém?

— Poder, até posso. Mas você sabe que não depende só de mim. Temos que pedir autorização, mesmo porque precisaremos de mais membros trabalhando no caso. Por enquanto, fique você mesma cuidando dele. Quando eu voltar para buscá-la, veremos o que fazer. Agora tenho que ir. Até mais.

Renato despediu-se de Elvira, deixando-a sozinha com Marcos.

capítulo 5

Carlos estava bem-disposto como havia muito não se sentia. Saiu para encontrar-se com Humberto no local combinado.

Após alguns minutos de espera, Humberto chegou. Carlos logo notou que o amigo não estava bem.

— Nossa, que cara é essa?

— Olá, Carlos. Desculpe se demorei.

— Acabei de chegar. Mas diga: o que houve? Você me parece pior do que da última vez em que nos vimos.

— Saí de casa — respondeu Humberto, desanimado.

— Saiu de casa? Quando?

— Ontem à noite. Eu e Joana tivemos uma briga feia.

— Coisas de casal. Você vai ver: logo passa.

— Desta vez, não. E, pensando bem, foi melhor assim. Eu e Joana não conseguimos mais ficar um perto do outro. A separação é a melhor saída.

— Mas conte-me: que briga foi essa que o levou a tomar tal decisão?

Humberto narrou a discussão com Joana e contou como estavam as coisas com Matilde.

Carlos escutou tudo calado. Quando o amigo terminou, perguntou:

— E onde você está dormindo?

— No escritório.

— Mas como vai fazer para lavar as roupas, cozinhar?

— Bem, ainda não pensei nisso. O ideal seria ir para um hotel ou uma pensão, mas, como você já sabe, está faltando dinheiro até para as despesas com as crianças. Não tenho como pagar uma pensão ou um hotel, por mais barato que seja.

— E seus pais não podem ajudar?

— Eles estão morando no interior e vivem de aposentadoria. O dinheiro que recebem mal dá para os gastos deles. Não tenho mais ninguém neste mundo com quem eu possa contar.

— Estou pensando... Lá em casa há um quarto vago. Você poderia ir para lá até melhorar sua situação. O que acha?

— Não sei. Não quero incomodar ninguém. Muito menos você, que é um amigão.

— Não será nenhum incômodo. Além do mais, como você sabe, eu faço o turno da noite em meu trabalho, deixando minha mãe e minha irmã sozinhas. Com você em casa, eu ficaria mais tranqüilo.

— Mas sua mãe vai concordar?

— Vou falar com ela. Acho que não fará objeção. Ela gosta muito de você.

— Se sua mãe concordar, eu aceito, mas faço questão de ajudar nas despesas. Eu não tenho muito, mas dou um jeito.

— Então estamos combinados. Fique tranqüilo: assim que eu chegar em casa, converso com minha mãe. Amanhã lhe darei a resposta.

A conversa tomou outro rumo. Os dois amigos começaram a recordar fatos da adolescência, da época do colégio. Ambos se animaram ao lembrar-se daqueles tempos felizes.

Horas depois, Carlos chegou em casa. Ao abrir a porta da sala, encontrou a mãe acordada, à espera da filha, que ainda não voltara da faculdade.

— Chegou cedo, meu filho. Pensei que só viria de madrugada.

— Só saí para tomar um suco com Humberto.

— E ele, como está?

— Não está nada bem...

— Por quê?

— Ele está se separando da mulher. Sua situação não é das melhores. Saiu de casa e está dormindo no escritório.

— Coitado! Humberto é um rapaz tão bom!

— Concordo. Conversei com ele e convidei-o a morar aqui em casa, naquele quarto que está sobrando. Eu só queria a autorização da senhora.

— Mas é claro! Não custa nada ajudá-lo. Humberto é um rapaz bom, trabalhador e respeitador. Não vejo empecilho nenhum. O único problema são as despesas. Você sabe... Uma boca a mais é sempre uma boca a mais, e vivemos com poucos recursos. O dinheiro que recebo da aposentadoria não dá para fazer nada, você não ganha muito bem e o que Ana recebe mal dá para ela pagar os estudos.

— Eu sei. Humberto ficou de ajudar nas despesas. Ele não poderá pagar o que pagaria em um hotel, mas se ele colaborar já está bom.

— Tudo bem. Diga a ele que concordo e que o receberei como um filho.

— Mãe, a senhora é um anjo!

— Você tem um bom coração. Além do mais, estou fazendo a Humberto o que eu gostaria que fizessem com vocês, se estivessem nessa situação.

Carlos abraçou-a e beijou-a com carinho. Ficaram abraçados durante algum tempo. Momentos depois, Ana entrou em casa chorando. Maria assustou-se e Carlos, pressentindo o que havia acontecido, disse:

— Já sei: brigou com Francisco.

— Nós terminamos, está tudo acabado!

— Xii!! Já ouvi isso milhões de vezes. Amanhã ele aparece

aqui com aquela cara de cachorro sem dono, com um ramalhete de rosas vermelhas, e fica tudo certo.

— Não desta vez.

Ana correu para os braços da mãe aos prantos. Maria acolheu-a carinhosamente, passando as mãos em seus cabelos, como quem acalma uma criança. Decidiu aguardar até que Ana estivesse um pouco mais serena, para investigar o que havia acontecido.

Carlos esperava no outro sofá, olhando a cena sem nada dizer. Foi Maria quem quebrou o silêncio:

— Quer nos contar o que houve? Quem sabe, eu e Carlos possamos ajudá-la?

— Francisco me traiu, mãe.

— O quê? Como?

— É isso mesmo. Eu o peguei com outra. Eu o odeio!

— Acalme-se, minha filha. O ódio não faz bem ao coração.

— Calma nada, mãe — rebateu Carlos, nervoso. — Como foi que aconteceu? Eu vou matá-lo!

Ele estava muito irritado. Ana era sua única irmã, ele a amava e não iria permitir que homem nenhum a fizesse sofrer.

— Acalme-se, Carlos. Você não vai matar ninguém. Não foi assim que eu o ensinei a lidar com a vida. Não é matando as pessoas que se eliminam os problemas. Vou fazer um chá para nós três e, enquanto isso, os dois tratem de se acalmar. Conversaremos como pessoas civilizadas e adultas. Somos uma família sensata e assim iremos resolver nossos problemas.

Maria foi até a cozinha preparar o chá, deixando Carlos e Ana na sala. Minutos depois, ela voltou com a bandeja e os serviu.

— Muito bem. Agora vamos tomar o chá. Ana, conte-nos o que realmente aconteceu. E você, Carlos, não a interrompa.

— Por favor, só escutem — pediu Ana. — Não quero ouvir críticas, entenderam? Mãe, você conhece Fátima, aquela minha amiga da faculdade?

— Sei, aquela loirinha que sempre anda com você.

— Ela mesma. Há um mês, eu, Francisco e Fátima fomos passar o fim de semana no sítio de um amigo. Para mim foi um final de semana normal, não percebi nada de estranho. Voltamos do sítio e continuamos do mesmo jeito. Hoje saí do escritório e fui para a faculdade. Lá chegando, eu me encontrei com Fátima. Conversamos um pouco e então entrei para a aula, chamando-a para entrar também. Ela respondeu que iria matar aula para se encontrar com um paquera. Eu entrei, mas os professores das primeiras aulas faltaram, então fomos dispensados. Algumas amigas me chamaram para comer uma pizza em um restaurante um pouco afastado da faculdade. Lá chegando, para meu desespero...

Ana não conseguiu continuar. Deixou seu pranto, sua dor extravasar. Maria e Carlos abraçaram-na com carinho, querendo confortá-la. Ana conseguiu controlar o choro e prosseguiu com a narrativa.

— Chegando lá, vi Francisco aos beijos com Fátima. Meus amigos entreolharam-se sem saber o que fazer. Fiquei cega e voei para cima dos dois. Não contive a fúria, bati neles. Meus amigos conseguiram me afastar e me deram um copo de água com açúcar. O mundo havia caído sobre minha cabeça. Francisco aproximou-se, pediu desculpas e disse estar apaixonado por ela. Eu tentei bater nele, mas meus amigos não deixaram. Eles me tiraram do restaurante e me trouxeram para casa.

Carlos ouviu toda a história e, num surto de raiva, esbravejou:

— Aquele safado! Quem ele pensa que é para fazer isso com você? Vou agora na casa dele tomar satisfações. Ele vai aprender a nunca mais brincar com os sentimentos de ninguém.

Maria, tentando manter a calma, interveio:

— Você não vai fazer nada. Deixe-o de lado. Uma hora ele encontrará a dele. Nós vamos, sim, agradecer a Deus por Ele ter mostrado à sua irmã, antes do casamento, quem Francisco é. Melhor ela sofrer agora do que mais tarde, quando já estivesse casada e talvez com filhos. Aí, sim, seria muito mais difícil sua recuperação. Agora, não. Ana é jovem, poderá refazer a vida, ser feliz e deixar Francisco para trás. A vida ensina, e um dia ele se arrependerá de tê-la feito sofrer.

— A senhora tem razão. Esse casamento nunca ia dar certo. Eu vi que Francisco estava enrolando, mas não adiantou falar. Olhe aí o que deu.

— Não adianta reclamar pelo leite derramado. Entreguemos nas mãos de Deus, porque Ele sabe o que fazer. Agora vamos dormir, que já está tarde.

Maria despediu-se do filho após uma breve conversa e acompanhou Ana até o quarto. Carlos ficou absorto nos próprios pensamentos.

Na manhã seguinte, o sol já estava alto quando Carlos se levantou. Apesar do que acontecera com a irmã, ele estava bem-disposto, alegre, animado.

Ele não sabia que seu bem-estar era decorrente do afastamento dos espíritos de Rui e Elvira, o que o fez voltar a seu estado natural. Ele desceu para o desjejum, que já estava posto à mesa. Deu um beijo em Maria e sentou-se para tomar café.

— Bom dia, mãe.

— Bom dia, filho. Dormiu bem?

— Mais ou menos. Fiquei com a história de Ana e Francisco engasgada, mas procurei dormir. E ela, já foi trabalhar?

— Não. Ela não dormiu a noite toda. Está no quarto, e só sabe chorar. Foi um baque muito grande. Ela amava Francisco. Quando me levantei, fui a seu quarto e ela ainda estava acordada. Então resolvi deixá-la descansar. Liguei para seu serviço, avisando que Ana não se sentia bem e não iria trabalhar.

— A senhora fez bem.

— Quando saí para comprar pão, encontrei Amélia, que ficou de fazer uma visita a Ana. Talvez ela consiga ajudá-la.

— É, pode ser. Dona Amélia sabe como melhorar o astral de qualquer um.

— Ela também perguntou por você. Mandou falar que, quando quiser ir com ela ao centro espírita, ela estará à sua disposição.

— Diga-lhe que, assim que eu tiver um tempo, irei, pois não custa nada. Eu prometi.

— A palavra de um homem deve valer ouro. Promessa é dívida.

— Estou indo ao escritório de Humberto, para buscá-lo.

— Ainda bem que você me lembrou. Com toda essa história, acabei me esquecendo de Humberto. Vou arrumar o quarto, trocar as roupas de cama e dar uma ajeitada, para que ele, ao chegar, se sinta em casa.

— Faça como achar melhor. Eu já vou. Volto na parte da tarde. Não precisa me esperar para o almoço.

— Que Deus o acompanhe.

Depois que Carlos saiu, Maria, vendo-se só, tratou de cuidar dos afazeres domésticos, tomando cuidado para não fazer barulho, a fim de não acordar Ana, que estava dormindo.

Carlos chegou ao escritório de Humberto. Após ser anunciado pela secretária, entrou na sala do amigo.

— Como passou a noite? — perguntou Carlos.

— Na medida do possível, bem.

— Conforme prometido, passei aqui para lhe informar o que conversei com minha mãe. Ela concordou com sua estada lá em casa. Mandou dizer-lhe que será recebido como um filho.

— Obrigado. Nem sei como lhe agradecer.

— Então não agradeça. Amigo é para essas coisas.

— Valeu! Nunca esquecerei o que vocês estão fazendo por mim.

— Não estamos fazendo nada de mais. Além disso, não sei meu dia de amanhã. Poderia ser eu em seu lugar. Agora vamos parar de rasgar seda; você sabe que isso não é do meu feitio. Vou deixá-lo trabalhar. Tenho que fazer algumas coisas nas redondezas. Passarei aqui às seis para buscá-lo e ajudá-lo com seus pertences. Tudo bem?

— Para mim, está ótimo.

Carlos despediu-se e saiu para cuidar dos afazeres.

Na casa de Carlos, Maria já havia terminado de arrumar o quarto que seria temporariamente de Humberto e tentava conversar com a filha para distraí-la. Tudo em vão. Ana estava apática, deprimida, indiferente a tudo e a todos.

Quando Amélia chegou, foi bem recebida por Maria, que a esperava confiante de que a amiga, com suas sábias palavras, pudesse ajudar a filha, arrancando-a daquele estado.

— Olá, Amélia. Que bom que você veio! Ana está no quarto, inconsolável. Espero que você possa ajudá-la.

— Pobre Ana, sofrendo por amor... Leve-me ao quarto dela.

— Claro. Vamos.

As duas subiram até o quarto. Ao entrarem, encontraram Ana abatida e com os olhos avermelhados de tanto chorar.

— Ana, Dona Amélia soube que você não está bem e veio fazer-lhe uma visita.

— Oi, Dona Amélia — cumprimentou a jovem. — Não precisa se preocupar. Estou bem.

— Vou até a cozinha fazer um café para nós — interrompeu Maria. — Enquanto isso, fiquem conversando.

Vendo-se a sós com Ana, Amélia sentou-se próximo a ela e acariciou seus cabelos.

— Quer conversar um pouco, desabafar? Fale. Irá lhe fazer bem.

— Quero morrer, Dona Amélia!

— Não diga isso. Você é nova, tem uma vida inteira pela frente.

— Não. A vida acabou para mim desde que descobri que Francisco me traiu com minha melhor amiga.

— Ora, menina, não pense dessa forma. A vida não acabou

para você só porque viu seu noivo com outra. Ao contrário: agora é que a vida está começando.

— Como, começando? O homem que amo me trai, diz na minha cara que ama outra, e a senhora vem me dizer que a vida está começando?

— Claro! Você mesma acaba de dizer que ele não a ama mais. Se isso aconteceu, ele deixou o caminho aberto para que você encontre alguém que a ame de verdade.

— Eu não quero ninguém. Nunca mais quero saber de homem nenhum. Eles não prestam.

— Não diga isso. Você está equivocada. Veja bem: se seu noivo não a ama mais, é porque na realidade ele nunca a amou. Quando o amor é verdadeiro, ele jamais morre. Não existe isso de "Eu não amo mais". O amor ilumina, preenche, não faz ninguém sofrer. É a união de duas almas que se completam e se sentem felizes com a felicidade do ente amado. Não há traição, sofrimento. Veja as coisas por outro ângulo: você ia se casar com um homem que não a ama e que, provavelmente, não ama nem a si próprio. Vocês jovens têm uma idéia errônea sobre o amor. Não analisam os próprios sentimentos. Confundem paixão com amor. A pessoa sente um vazio no peito porque não se ama o suficiente e imagina que outra vai suprir suas necessidades de afeto e se agarra a ela. Isso se chama paixão. É uma ilusão que sempre faz sofrer. Já o amor é diferente: há afinidade, prazer de estar junto, mas, mesmo estando separados, esse sentimento causa bem-estar, alegria. Eu tive a felicidade de viver esse amor. Meu filho e meu marido já partiram para a vida espiritual, mas o amor que sentimos permanece além da morte, me proporcionando alegria e bem-estar.

Ana ouvia atentamente as palavras de Amélia, que falava com ternura e ia aos poucos conseguindo acalmá-la.

— Talvez a senhora tenha razão. Mas dói tanto que parece que arrancaram meu coração e deixaram no lugar uma pedra de gelo.

— Isso passa com o tempo. Agora você está decepcionada, viu seu castelo desmoronar, foi traída duas vezes, uma por seu noivo e outra por sua amiga. Mas você pode recomeçar. Você está mais lúcida. Avaliará melhor seus sentimentos. Não construirá um castelo na areia; plantará seu afeto em solo mais sólido e seguro. A vida nos ensina que a verdade é melhor do que a ilusão e a ingenuidade tem um preço alto. É preciso aprender a viver melhor.

Agora você está sofrendo a perda das ilusões. Mais tarde perceberá que o que lhe aconteceu foi para seu bem. Encontrará alguém que realmente a ame e será muito feliz. Você verá.

— Será? Eu não acredito.

— Será, não. Vai ser! A felicidade precisa ser conquistada. É claro que, se você continuar nesse estado, com essas olheiras, deitada em uma cama, a única coisa que irá encontrar é a morte. Agora, levante-se e arrume-se. Vamos para a sala tomar o café que sua mãe está preparando.

— A senhora tem razão. Não vou ficar aqui chorando pelos cantos, vendo a vida passar. Vou ser feliz, a senhora vai ver.

— Tenho certeza disso. Vou esperá-la na sala. Arrume-se e venha ter conosco.

Amélia saiu do quarto satisfeita. Conseguira tirar Ana daquele estado de tristeza.

Ana tomou um banho, o que fez com que se sentisse um pouco melhor. Abriu o guarda-roupa e escolheu um vestido rosa, que delineava seu corpo, deixando-o bem sinuoso. Fez um coque nos lindos cabelos ondulados, passou seu perfume favorito e foi sentar-se com a mãe e Amélia.

Maria, ao ver a filha mais disposta e com uma aparência melhor, ficou contente e agradeceu a Deus intimamente por ter colocado um anjo chamado Amélia em sua vida.

— Oh! Vejo que Amélia conseguiu mais um milagre. Você está linda, minha filha!

— É verdade, mamãe. Dona Amélia é mesmo uma santa. Com suas sábias palavras, me fez ver a vida de outra maneira.

— Vocês duas não falem bobagens. Eu não fiz nada — brincou Amélia, satisfeita.

As três foram para a cozinha lanchar. Após comer, conversaram animadamente na sala, só sendo interrompidas pela chegada de Carlos e Humberto. Ao entrar, Carlos não acreditava no que via. Sua irmã estava linda e bem-disposta.

— Boa tarde, senhoras e senhorita. Vejo que a conversa está animada.

— Boa tarde, filho. Seja bem-vindo, Humberto.

— Entre, Humberto — convidou Carlos. — Fique à vontade.

— É isso mesmo, filho. A casa é sua. Quero que você saiba que é um prazer tê-lo conosco.

— Obrigado, Dona Maria. Nem sei como agradecer.

— Não há de quê — e, dirigindo-se à filha, Maria disse: — A propósito, Ana, não cheguei a comentar com você. Humberto irá morar conosco durante algum tempo.

— Que bom! Fico contente. Carlos nunca pára em casa. Pelo menos ganho mais um irmão.

Todos riram. Humberto olhou para Ana e ficou encantado. Ana tornara-se uma mulher linda, estava bem diferente da menina que ele conhecera. Sua pele morena, sua boca carnuda, seus olhos cor de mel que expressavam sensualidade, tudo isso o envolveu por alguns segundos, causando boa impressão.

— Humberto... Humberto!

— O que foi, Carlos?

— Nossa, você está no mundo da lua!

— Desculpe-me. É que, com tantos problemas, às vezes minha mente vai longe.

— Quero lhe apresentar nossa querida vizinha, Dona Amélia.

— Muito prazer.

— O prazer é todo meu — respondeu Amélia, olhando-o séria.

Maria interrompeu a conversa e pediu para Carlos levar as

malas de Humberto para o quarto que havia preparado para ele. Os dois foram para o quarto enquanto a conversa prosseguia na sala.

— Dona Amélia — disse Ana —, estou pensando em conhecer melhor esses ensinamentos espirituais que a senhora segue.

— Fico contente. Se você quiser, eu lhe empresto alguns livros. Irão lhe fazer bem.

— Quero, sim. É bom, assim ocupo minha mente com outras coisas.

— Nossa, filha! Logo você, que morre de medo de alma do outro mundo? — comentou Maria, achando graça.

— Ora, mamãe, tenho medo porque, quando eu era criança, via vultos pela casa. Lembra-se?

— Claro que lembro. Quase todas as noites você ia dormir comigo e com seu pai, mas isso é imaginação de quase todas as crianças. É normal.

— Não é imaginação, não, Maria — comentou Amélia. — O que os adultos acham ser fantasia de criança é o que elas realmente vêem. A criança é livre de pensamentos impuros, o que facilita sua visão do mundo espiritual.

— Como assim? — perguntou Ana. — Explique melhor.

— É simples. Nós nascemos e renascemos muitas vezes na Terra. Passamos por várias experiências que nos fazem crescer como espírito. Ainda quando criança, temos vagas lembranças do que vimos e aprendemos na espiritualidade, ou seja, ainda estamos na fase de readaptação ao plano terrestre, o que torna mais fácil a conexão com o plano espiritual.

— Que interessante! Quer dizer que nascemos e morremos? Quando nascemos de novo, ainda na fase infantil nos ligamos com o lado de lá por ainda estarmos familiarizados com eles?

— É porque nascemos e morremos várias vezes. Faz parte de nossa evolução. Estamos na Terra para desenvolver a consciência e aprender a viver melhor. Temos livre-arbítrio e somos responsáveis por tudo que atraímos em nossa vida que responde às nossas atitudes. Quando estamos no bem, atraímos coisas boas; quando estamos no erro, agimos mal, atraímos sofrimento. É assim que aprendemos a respeitar as leis divinas e nos elevamos aos planos superiores do universo.

— Então nascemos e morremos até nos tornarmos perfeitos?

— Somos seres perfeitos em essência. Deus nos criou à sua semelhança, mas simples e ignorantes. Criou leis que nos ajudam a evoluir. Deu-nos livre-arbítrio, inteligência para desenvolvermos nossa consciência. Nascemos na Terra esquecidos do passado para experimentar e aprender. Somos livres para escolher nossas atitudes, mas a vida nos responde de acordo com nossas escolhas. O processo é longo, e uma só vida na Terra não nos daria condições de aprender tudo quanto precisamos. Por isso, voltamos tantas vezes quanto precisarmos, até que nos tornemos espíritos esclarecidos.

— Hum... entendi!

— Vamos fazer assim: vou lhe emprestar alguns livros. Leia-os atentamente e depois discutiremos o assunto. Agora tenho que ir. Já está ficando tarde. Diga aos meninos que deixei um beijo.

Mãe e filha despediram-se da amiga, que carinhosamente viera trazer harmonia para aquele lar. Após a saída da vizinha, as duas continuaram conversando.

Carlos e Humberto terminaram de arrumar as coisas no quarto e voltaram à sala para participar da conversa.

— O papo está bom — disse Ana —, mas tenho que ir para a faculdade.

— Ué, maninha... — surpreendeu-se Carlos. — Você vai para a faculdade hoje?

— Claro! Eu não posso parar minha vida por causa de Francisco e daquela cobra da Fátima, embora eu imagine que será difícil ficar no mesmo local que ela. Mas tenho meu objetivo, que é me formar. O resto é resto.

— Estou gostando de ver. É assim que se fala. Façamos

assim: vou tomar um banho rápido e levo-a para a faculdade. De lá, sigo para meu trabalho. Enquanto você espera, fique conversando com Humberto e com mamãe.

Carlos deixou-os conversando e foi se arrumar.

Ana estava pensativa. Conhecia Humberto desde menina. Carlos e ele sempre foram muito amigos. Humberto casou-se e foi viver sua vida. O tempo passou, Ana cresceu, apaixonou-se por Francisco. E agora ela e Humberto estavam no mesmo lar, sofrendo a mesma dor da separação. Ana pensou:

"Como a vida nos prega peças!"

Carlos voltou para a sala. Ele e Ana, saíram para cumprir suas obrigações, deixando Humberto com Maria.

Eles conversaram durante algum tempo. Humberto sentia-se bem ali, não só pela boa acolhida dos amigos, mas também pela harmonia que havia entre eles. Sentia-se confortado e muito mais calmo.

capítulo 6

Matilde acordou agitada. Era dia de ir ao terreiro de mãe Francisca para mais uma consulta. As coisas não estavam saindo como ela queria.

Ficara sabendo que Humberto havia saído de casa e se separado de Joana. Esse era um ponto positivo: mãe Francisca havia conseguido separar os dois.

Por outro lado, Humberto, ao invés de procurá-la, recorrera a um amigo e ela não possuía o endereço dele, o que dificultava muito seus planos.

Quando Matilde entrou no terreiro, a fila estava grande, como de costume. Ela já conhecia muito bem o procedimento da casa: teria que esperar sua vez, mesmo estando grávida.

Não gostava de esperar e ficou ainda mais irritada com a demora. Ao chegar sua vez de ser atendida, foi convidada a entrar e sentou-se no lugar que lhe indicaram.

— Como tem passado? — perguntou mãe Francisca.

— A senhora deve saber muito bem como estou passando — respondeu ela. — A questão não é essa, mas como as coisas estão caminhando. Humberto já se separou da megera, o que lhe agradeço. Mas está dando tudo errado. A senhora prometeu que ele voltaria para mim ao se separar de Joana, mas ele foi morar com um amigo e não quer nem olhar para mim.

Mãe Francisca ouvia atentamente. Quando Matilde se calou, respondeu tranqüila:

— Você está nervosa à toa.

— Como à toa?

— Você já falou e eu já escutei. Agora é minha vez de falar.

— Está certo. Diga.

— Assim está melhor. Humberto já se separou de Joana, como foi previsto. A primeira parte do trabalho está cumprida. Mas ele está com muita raiva de você. Acha que você foi responsável pela separação. Sendo assim, seria impossível tirá-lo da casa de Joana e já colocá-lo na sua. Precisamos de um tempo. Ele está confuso. Por isso nós o afastamos das duas, o conduzimos primeiro para a casa de um amigo e, quando ele estiver pronto, o faremos enxergar só você. Para isso já temos ajudantes no local, que colocarão o plano em prática assim que receberem seus benefícios.

— Receberem o quê? A senhora não me diga que terei que pagar mais.

— Bem, você só pagou a primeira parte do trabalho. Agora terá que pagar a segunda.

— Mas não tenho dinheiro nem tenho como arrumar. Estou grávida, não vou conseguir nenhum trabalho. Humberto está irredutível, proibiu minha entrada no prédio em que trabalha e só me dará dinheiro depois que a criança nascer, isso se eu provar que o filho é dele.

— Entendo sua situação, mas não posso fazer nada. As entidades que trabalham para mim não fazem nada de graça. Temos que matar galos, bodes, e você sabe que tudo isso custa dinheiro. Se não conseguir pagar, teremos que parar o caso por aqui e deixar seu homem nas mãos do destino.

— Não! Isso, não! Já estou na metade do caminho e não desistirei agora. De quanto a senhora precisa?

— Cinco mil.

— O quê? Tudo isso?

— Já sabe. É pegar ou largar.

— Está bem, vou ver se arrumo o dinheiro até o fim de semana.

— Esperarei. Depois que pagarmos os espíritos, eles voltam a agir.

— Só espero que seja logo, senão eu piro. O tempo urge. Até mais.

— Até, filha. Vá em paz.

Matilde deixou o local mais nervosa do que quando entrara. Enquanto caminhava, pensava:

"Ah, se esse trabalho não estivesse dando resultado, se não fosse por Humberto, eu teria mandado essa mãe-de-santo às favas. Mas, bem ou mal, ela está me ajudando. Venderei algumas jóias para cobrir as despesas e depois vejo o que faço."

Resoluta, seguiu seu caminho, sem ver que estava sendo acompanhada por um grupo de espíritos perturbados que lhe sugeriam pensamentos fúteis, estimulando seu orgulho ferido pelo abandono de Humberto.

Matilde chegou em casa e pegou as jóias que estavam escondidas. Não havia muitas, mas eram seu único patrimônio. Ela não queria se desfazer delas, mas era para uma boa causa. Pegou as jóias e colocou-as na bolsa.

Já estava de saída quando teve uma vertigem e começou a enjoar. Decidiu não sair e ficou o resto do dia descansando. No dia seguinte, saiu cedo rumo à loja de penhores. Lá chegando, penhorou a quantia necessária de jóias para suprir sua necessidade, indo depois ao terreiro de mãe Francisca.

Dessa vez não pegou fila, pois só iria entregar o envelope com o dinheiro.

— Aqui está o dinheiro. Espero que seja suficiente, pois não tenho mais.

— Desta vez acho que dá. Vou comprar as coisas para as oferendas que me foram pedidas para seu trabalho. Na próxima segunda-feira, eu as ofereço a eles. Em seguida eles iniciam o trabalho.

— Então está certo. Agora tenho que ir. Estou sentindo muita tontura por causa da gravidez. Quero chegar logo em casa.

Ela se despediu e foi para casa a fim de descansar.

Era uma bela manhã de sábado, o dia estava lindo. Na casa de Carlos, todos já haviam acordado. Humberto e Carlos se encontravam na sala enquanto Maria e Ana cuidavam da arrumação da casa.

— Está um belíssimo dia, hoje, não é, Humberto? — disse Carlos.

— Está maravilhoso. Vou aproveitar para ir até em casa ver as crianças e levá-las para passear.

— Faz bem. Os meninos precisam de seu carinho e atenção.

— É verdade. Estou me separando de Joana e não dos meus filhos.

— Você está certo. Infelizmente há casais que, quando se separam, envolvem os filhos em seus desentendimentos. Isso é um erro que pode afetar o comportamento das crianças pelo resto da vida. Os filhos não têm culpa se os pais não querem mais viver juntos. Eles não pediram para nascer.

Ao ouvir essa frase, Ana, que estava limpando a sala e prestara atenção à conversa, interveio:

— Não é bem assim. Antes de nascer, já sabemos a família que vamos ter. Quase sempre escolhemos nossos pais, seja por afinidade, seja para resolver assuntos pendentes de outras vidas.

— Está vendo, Humberto? Foi só Dona Amélia emprestar os livros que falam sobre espiritismo, que Ana já acha que sabe de tudo.

— Engraçadinho... Não se trata de saber de tudo, mas li sobre isso em um dos livros e senti que tem lógica. É só usar a cabeça. Reflita sobre as diferenças entre as crianças que nascem no mundo. Enquanto umas têm tudo, outras são doentes, deficientes. Deus não erra. Assim sendo, tudo tem uma causa justa. A reencarnação nos oferece uma explicação lógica desses fatos.

— Está certo. Não vou discutir esse assunto com você, mesmo porque, embora eu não tenha vontade de freqüentar um centro espírita, não posso deixar de admitir que as explicações têm fundamento.

— O papo está bom, mas tenho que ver meus filhos. Até mais tarde, meus amigos.

— Vá com Deus, Humberto — disse Ana, carinhosamente, voltando a seus afazeres.

Carlos ficou na sala perdido em seus pensamentos.

Humberto chegou a seu antigo lar. Estava se sentindo bem. Ao ver a porta trancada, preferiu não usar suas chaves e tocou a campainha. Segundos depois, Joana abriu a porta.

— Oi, Humberto. Entre.

— Olá, Joana. Como está?

— Na medida do possível, bem.

— E as crianças?

— Estão no quarto brincando. Vou chamá-las.

— Espere. Vamos conversar um pouco. Que tal se você me oferecesse um suco?

— Vamos para a cozinha. Acho mesmo que temos que conversar.

Foram até a cozinha. Humberto sentou-se ao lado da mesa, enquanto Joana, após servir-lhe o suco, sentou-se do outro lado.

— Não quero mais brigar com você — disse Humberto. — Vim aqui para resolvermos nossa separação.

— Está certo. E o que você acha que devemos fazer?

— Bem, o correto seria pagar um advogado para cuidar do divórcio, mas estou passando por dificuldades financeiras e acho melhor, por enquanto, tentarmos ajeitar as coisas.

— Concordo com você, mas o que sugere?

— Bem, primeiramente, continuo pagando as despesas da casa normalmente. Não vou deixar faltar nada para você nem para as crianças. Quero passar os sábados com eles, pois não quero que meus filhos se afastem de mim. Quando eu estiver em melhores condições, cuidaremos da parte jurídica de nossa separação. Por falar nisso, a casa e tudo que há nela ficam para você. Só vou ficar com meu carro. Está bem assim?

— Se é isso o que você quer, por mim tudo bem.

— Agora vamos às crianças. Como eles têm reagido à nossa separação?

— Julinho melhorou de saúde. Chego a pensar que ele adoecia por causa de nossas brigas. Porém ele sente sua falta. Maria também, mas já expliquei para eles o que está acontecendo. Parece que entenderam. E não se preocupe, que não colocarei as crianças contra você.

— O que você disse a eles?

— Disse que nós nos amamos, mas que cada um seguiria seu caminho. Disse que nós os amamos muito e que eles não têm nada a ver com nossa separação. Eu não falei nada de Matilde nem do irmão deles que está para nascer. Não se preocupe quanto a esse assunto, pois cabe a você falar com eles no momento certo.

— Eu lhe agradeço. Vou subir para vê-los, mas, antes, aqui está o dinheiro das despesas da semana. No sábado que vem, eu lhe trago mais.

— Obrigada.

Humberto foi ao quarto das crianças. Encontrou Maria brincando com sua boneca e Julinho com um videogame.

— Olhem quem chegou. Vocês não vão me dar um beijo?

Os dois largaram os brinquedos e foram abraçar o pai, que se sentiu emocionado com o carinho deles.

— Papai, você voltou? — perguntou Maria.

— Não, querida. Papai só veio vê-los e levá-los para passear. Mas, antes, chocolate para os dois.

Humberto deu-lhes chocolates tentando distraí-los, para evitar que eles fizessem perguntas sobre a separação.

— Vou chamar a mamãe para ajudá-los a se arrumar Vamos passear. Eu espero na sala.

Saíram poucos minutos depois. Joana, que havia se controlado diante de Humberto, assim que se viu sozinha não conteve o pranto. Deixou que as lágrimas lavassem seu rosto, extravasando sua tristeza.

A campainha soou. Joana tentou recompor-se antes de abrir a porta. Abriu e deparou com sua amiga Luísa.

— Oi, Luísa. Entre.

— Nossa, que cara é essa? Brigou com Humberto?

— Não, mas ele veio aqui pegar as crianças para passear.

— E o que vocês conversaram?

— Tratamos de nossa separação civilizadamente. Combinamos valores, as vindas dele aqui para ficar com as crianças, esse tipo de coisa.

— Ah, minha amiga, não fique assim. As coisas vão melhorar.

— Não sei, não. Está sendo difícil. Se não fossem meus filhos, eu me mataria.

— Não diga uma besteira dessas. O que acabou foi seu casamento, não sua vida.

— Com o fim do meu casamento, acabou a minha vida.

— Não diga isso. A vida sabe o que é melhor para nós. Se permite certas situações, é porque já temos força para enfrentá-las e vencê-las. Todos somos fortes. Tenho certeza de que você vai superar tudo isso. Por não sabermos lidar com nossas emoções, há momentos em que temos vontade de sumir, de morrer. Porém temos que continuar vivendo e sabemos que precisamos reagir. A vida é assim. Se você colocar sua força em ação, enfrentar os problemas com coragem, seguir em frente, aos poucos retomará o prazer de viver.

— Você está certa, mas é difícil reagir.

— Por falar em reagir, vim lhe fazer um convite.

— Convite, para quê?

— Você sabe que trabalho em um centro espírita nas terças-feiras à noite. Na última sessão, tomei a liberdade de colocar seu nome e endereço na mesa de orações. Os mentores do centro me informaram que você está sendo envolvida por espíritos maldosos que estão interferindo em sua vida. Sinto que Matilde tem algo a ver com isso. Quero que vá comigo à sessão da terça à noite.

— Bem que estou precisando. Você sabe que acredito nessas coisas. Mas, e as crianças?

— Peça à sua mãe para ficar com elas por algumas horas. Venho buscá-la e, assim que acabar a sessão, eu a trago de volta. O que acha?

— Está bem. Se mamãe ficar com as crianças, irei com você. Também acho que aquela sirigaita da Matilde fez macumba para Humberto se separar de mim.

— Então está combinado. Venho na terça, às sete.

Luísa despediu-se e foi embora.

Era noite quando Humberto voltou com as crianças. Despediu-se de Joana com um aperto de mão, beijou as crianças e saiu.

Estava mais calmo. Os momentos que havia passado com os filhos fizeram-lhe bem.

Voltou para casa de Carlos sentindo-se aliviado.

capítulo 7

A semana passou sem novidades, mas Rui sentia-se inquieto. No dia marcado, Renato foi buscá-lo.

— Olá, Rui. Como vão as coisas por aqui?

— Não muito bem. Mamãe só chora, papai anda triste, meu irmão indiferente, e eu percebi que não posso fazer nada para ajudá-los.

— Não é bem assim. Você ainda não se acostumou com sua nova forma de vida. Com o tempo você aprenderá a agir. Aí, sim, poderá ajudá-los. Agora vamos. Temos que buscar Elvira. O tempo urge.

Rui abraçou os pais em despedida. Em seguida, ele e Renato saíram e foram para o antigo lar de Elvira. Lá chegando, encontraram-na nervosa.

— Viemos buscá-la — disse Renato.

— Ah, Renato! Eu não posso ir agora. Tenho que ficar ao lado de Marcos. Ele está muito vulnerável. É difícil segurá-lo em casa e longe daquela nojenta da Elisabete.

— Sinto muito, mas tenho ordens a cumprir. Você pediu para vir aqui ver Marcos e eu a trouxe. Até ensinei-a a envolvê-lo em sua energia. Nós cumprimos nossa parte; agora você tem que cumprir a sua.

— E se eu não quiser ir?

— Você vai de qualquer jeito.

— Vocês não são donos de mim.

— Mas você está nos devendo um favor. Depois que você nos pagar o que deve, pode fazer o que bem entender. Agora vamos. Não me obrigue a levá-la à força e entregá-la nas mãos do chefe. Ele fará picadinho de você. O que prefere?

Rui, querendo livrar-se logo daquela situação, resolveu intervir:

— Vamos, Elvira. Temos que cumprir nosso trato. Quanto mais rápido fizermos o que eles mandarem, mais depressa ficaremos livres.

Rui ofereceu a mão a Elvira, que, após pensar alguns instantes, resolveu ir com eles, mesmo a contragosto. Os três saíram em direção à organização. Lá chegando, foram conduzidos à sala do chefe.

— Já fiz minha parte — disse o chefe. — Vocês viram seus familiares. Agora é hora de fazerem a de vocês

— E o que temos que fazer? — perguntou Rui.

— Vocês voltarão à casa de seu amigo. Lá chegando, Renato lhes dará todas as instruções.

— Nós vamos trabalhar na casa de Carlos? Mas por quê?

— Já disse. Renato lhes dará todas as instruções. Quanto a você, Elvira, não tente nenhuma gracinha. Não faça nada de que possa se arrepender depois.

— Sim, senhor — respondeu ela.

— Agora podem ir.

Os três saíram da sala, indo direto à casa de Carlos. Lá chegando, encontraram todos os moradores conversando.

— Vocês estão vendo esse novo membro da família? — indagou Renato. — Pois bem: o serviço de vocês é cuidar dele.

— Como? — perguntou Rui, sem entender nada.

— Deixe-me explicar melhor para não haver erros. O nome dele é Humberto, e ele é amigo de Carlos. Vou resumir sua história e o motivo de estar aqui. Ele era casado com Joana. Em uma noitada, conheceu Matilde e a fez sua amante, mantendo uma relação extraconjugal durante um ano. Quando o cara decidiu separar-se de Joana, pegou Matilde com outro. Largou dela e voltou para a esposa. Matilde não aceitou a separação e, estando grávida de outro que a largou, resolveu voltar para o idiota do Humberto, matando dois coelhos com uma cajadada só: arrumaria um homem para a sustentar e cuidar de seu filho. Ela procurou a mãe-de-santo, pediu ajuda e programaram o trabalho. A primeira parte já foi feita. Ele se separou da mulher e não a quer mais como esposa. Falta a segunda parte, que é onde vocês entram. Terão que convencê-lo a ficar com Matilde.

Rui deu uma rápida olhada para Elvira e questionou:

— Mas isso é jogo sujo! Vocês falaram que são justos, mas cadê a justiça? Foi Matilde quem tirou Humberto de Joana. Devíamos fazer com que ele voltasse para a esposa, não para Matilde.

— Joana não o quer mais. Quem quer é Matilde. Além disso, se há algum culpado nesta história, esse culpado é ele. Mas isso não nos interessa. O importante é que Matilde pagou, e muito bem, pelo serviço. A obrigação de fazê-lo é de vocês, para saldarem o que nos devem.

— Como vamos agir se não sabemos fazer nada? — perguntou Rui.

— Por ora, vocês façam o que já sabem fazer. Elvira ficará ao lado de Humberto o tempo todo, falando de Matilde, dizendo que ela está arrependida do que fez e que o ama muito. Faça isso com carinho, faça-o lembrar-se das noites de amor que tiveram, essas coisas que Elvira sabe muito bem. Você, Rui, ficará próximo de seu amigo. Todas as vezes que Carlos estiver conversando com Humberto, faça-o tocar no nome de Matilde. Se vocês tiverem alguma dificuldade, me chamem. É só mentalizar, que eu apareço. Agora tenho que voltar para meu trabalho. Até mais.

Renato foi embora, sem esperar nenhuma pergunta dos dois. Elvira, vendo-se só com Rui, desabafou:

— Essa é boa! Além de eu não poder ficar com o cachorro do meu marido, ainda tenho que dar carinho e ficar o tempo todo com esse tonto, sugerindo que ele volte para uma sirigaita.

— É, mas a culpa é toda sua, que resolveu pedir ajuda a eles. Eu disse que essa gente era perigosa. Sem contar que são enganadores. O favor que eles nos prestaram não é nada perto do que faremos para eles. Bem feito! Você quis bancar a esperta e nos meteu em uma enrascada.

— Não jogue a culpa em mim. Você foi junto porque quis.

— Infelizmente é verdade. Maldita a hora em que resolvi ir atrás de você. E agora, o que vamos fazer?

— Vamos fugir, sei lá. Você eu não sei, mas eu vou voltar para junto de Marcos.

— Está louca? Essa gente é perigosa. Caso você não tenha percebido, caímos feito dois patinhos na deles. Quando nos aproximamos de Renato, ele já sabia que iríamos pedir ajuda. Eles já estavam contando conosco justamente para isso. Estava nos planos deles fazer com que Humberto viesse para cá. Sabendo de nossa ligação com Carlos, quiseram nos usar.

— Nossa! É verdade! Por que não pensei nisso antes? Mas, e agora, o que faremos?

— Iremos obedecer. Não sabemos do que eles são capazes. Já que estamos atolados nisso até o pescoço, o jeito é fazer o que pediram.

— E como faremos?

— Quando Carlos sair, pensaremos em algo.

A noite estava começando quando Carlos saiu para trabalhar.

Após ler o jornal, o que era seu costume, Humberto foi para o quarto. Rui e Elvira acompanharam-no. Ao vê-lo deitar-se, Elvira aproximou-se.

— Humberto, meu querido. Por que você não volta para Matilde? Ela o ama. Pense nela. Ela errou, mas quem não erra?

Humberto registrou as palavras de Elvira e começou a pensar em Matilde, em todo o seu envolvimento com ela, nos momentos de amor. Lembrou-se da traição e do filho que ela estava esperando, que dizia ser seu. Por um segundo, cogitou voltar com ela.

Ao ver que estava conseguindo seu intuito, Elvira decidiu ir mais longe. Encostou seu corpo nele e abraçou-o, beijando-o e dizendo em seus ouvidos:

— Humberto, sou eu, Matilde. Eu o amo. Volte para mim e para seu filho que vai nascer. Preciso tanto de você ao meu lado. Esqueça o passado, meu amor.

Rui, ao ver a cena, não se conteve. Disparou a rir. Elvira estava sendo uma atriz de primeira. Não imaginava que ela chegaria a tanto.

Humberto entregou-se àquela sintonia, quando de súbito pensou:

"Não, Humberto, você não pode voltar para Matilde. Ela acabou com sua vida."

Quando ele pensou nessas palavras, Elvira foi arremessada para longe dele, e ao mesmo tempo ela sentiu que se havia formado uma barreira entre os dois. Por mais que tentasse, ela não conseguia mais influenciá-lo.

Elvira ficou nervosa, com raiva, e começou a discutir com Rui.

— Seu idiota! A culpa é sua. Do que está rindo? Não está vendo que atrapalhou meu trabalho?

— Desculpe-me, mas não deu para segurar. Estava muito engraçado. Se você visse sua cara ao falar com ele... Parecia atriz de pornochanchada.

— Não há nada de engraçado. Você me desconcentrou. Deu espaço para ele recusar meus pedidos, e agora, não sei como, ele está impedindo minha aproximação.

— Relaxe. Para uma primeira tentativa, você foi ótima.

— Seu cretino!

Elvira ainda tentou influenciar Humberto, mas não obteve

sucesso. A noite passou lentamente para ela e Rui. Já estava amanhecendo quando Renato voltou.

— E então, como foi a noite, Elvira?

— Foi boa. Tivemos alguns progressos.

— Ótimo.

— Posso lhe fazer uma pergunta? — pediu Elvira.

— Faça.

— Por que, quando Humberto dorme, seu espírito não vem aonde nós estamos?

— Quando um encarnado dorme, seu espírito deixa o corpo adormecido e sai, usando seu corpo astral. Livre, ele pode ir a muitos lugares. No caso de Humberto, como ele se encontra com vários problemas, não consegue se desligar durante o sono.

— Mas, e se ele me vir? — insistiu ela.

— Melhor para você. Diga que é uma amiga e que quer ajudá-lo. Fale sobre Matilde e instigue-o a voltar para ela. Quando ele acordar, irá lembrar-se da conversa, que ficará registrada em seu subconsciente — explicou Renato. Virando-se em seguida para Rui, ele continuou: — E você, Rui? Como passou a noite?

— Sem muito trabalho.

— Pois hoje você trabalhará. Vim aqui para buscá-lo.

— Mas meu trabalho não é ao lado de Carlos?

— Em parte. Neste momento temos outro assunto de urgência. Elvira, você acompanha Humberto no trabalho. Só tome cuidado com os mensageiros.

— Que mensageiros? — indagou ela.

— É esse povo que se aproxima dizendo palavras bonitas. Eles começam com um papo de que querem lhe ajudar, que você precisa se refazer, essas conversas moles, dizendo serem mensageiros da luz. Se você cair na deles, eles a levam um lugar, dizendo que é um hospital, e *bye, bye* liberdade. Nunca mais poderá sair.

— Está vendo, Rui, por que eu não queria ficar perto daquela tal de Sônia? Eu disse que ela é perigosa!

— É verdade. Eu mesmo, quando desencarnei, fui levado para esse tal hospital. Eles queriam me deixar trancado no quarto — informou Rui.

— Sua situação é ainda pior do que a dela, pois você é foragido — afirmou Renato, convicto.

— É verdade. Eu fugi de lá, mas nem sei como fiz aquilo. Que ironia... Quando vivia na Terra, perseguia bandidos. Agora eu é que sou perseguido.

Todos riram.

— Vocês já estão avisados. Agora vamos, Rui.

Os dois foram para a casa de Joana. Rui não a conhecia e perguntou:

— Quem é essa mulher? Por que estamos aqui?

— É a esposa de Humberto. Estamos aqui porque hoje ela tem um compromisso que pode ameaçar nosso trabalho. Viemos para impedi-la de ir a esse lugar.

— Impedi-la? Mas como?

— Você está vendo aquele garoto ali?

— Estou. O que tem o menino?

— Ele é sensitivo. A única forma de fazer com que Joana não saia é deixá-lo doente.

— Mas como farei isso?

— É muito fácil. Vou lhe ensinar.

Renato foi para cima de Julinho, que estava brincando. O menino começou a ter convulsões. Joana, ao ver o filho passando mal, correu para ajudá-lo e deu-lhe alguns remédios.

Depois de algum tempo, Renato afastou-se do garoto, o que fez com que Julinho se sentisse melhor. Voltou-se para Rui e disse:

— Agora, tente fazer o mesmo.

Rui foi ao encontro do garoto, abraçou-o com força e, após algum tempo, voltou-se para Renato:

— Não consigo. Por mais que tente, só estou conseguindo fazê-lo ficar arrepiado.

— Não é só abraçar o moleque. Você tem que colocar todo

o seu ódio para fora, assim ele registrará seus sentimentos, e isso lhe provocará convulsões e desmaios.

— Mas eu não sinto ódio por esse menino nem por ninguém. Como vou passar um sentimento que não tenho? Além do mais, esse garoto é indefeso. Dê-me um bom motivo para prejudicá-lo.

— Você quer um bom motivo? Pois vou lhe dar um. Nosso chefe não anda gostando nada de suas atitudes. Está na hora de você receber um corretivo.

Renato colocou as mãos na testa de Rui. Este começou a reviver a cena que o vitimou. Sentiu novamente a dor daquele momento crucial de sua vida, e sua cicatriz voltou a sangrar.

— Agora vá para cima do moleque ou as coisas irão piorar para o seu lado.

Sentindo dor e ódio mesclados a um sentimento de revolta, Rui foi para cima de Julinho. O garoto estava se recuperando, mas, ao sentir aquela energia de dor e revolta, voltou a ter convulsões.

Joana, que estava próxima do filho, ficou preocupada. Correu ao telefone e chamou o médico da família, que em poucos instantes chegou ao local. Ao ser conduzido ao quarto do menino, ministrou-lhe alguns medicamentos. Renato deu uma risada sarcástica ao ver a cena:

— Que idiotas! Pode largar o garoto, Rui. Vamos deixar esses tontos pensarem que os medicamentos fizeram efeito. Além do mais, creio que já conseguimos nosso intuito. Essa palerma da Joana não sairá de casa deixando o filho doente.

Rui olhou para Renato com raiva. Por instantes, pensou:

"Por que fui ouvir Elvira e me meter com essa gente?"

Ele ainda estava sangrando e com muita dor. Saiu de perto do menino e sentou-se num canto do chão do quarto. Ao vê-lo sofrer, Renato resolveu acabar logo com aquela situação e, indo em sua direção, ministrou energias curativas. Ao terminar, viu que Rui havia melhorado e falou:

— Espero que tenha aprendido a lição. O que fiz com você

é pouco perto do que o chefe faria, portanto não tente bancar o esperto e não nos desobedeça. Será melhor para você.

Rui balançou a cabeça em sinal de positivo.

— Agora levante-se. Fique aqui perto do menino. Mais tarde volto para buscá-lo.

Renato saiu do quarto deixando Rui preso em seus próprios pensamentos. Após acalmar-se, olhou para o garoto, que estava dormindo, e disse a si mesmo:

"Durma. Vai lhe fazer bem. E desculpe-me. Eu não queria fazer-lhe mal."

As horas passaram lentamente naquele lar. De vez em quando, Joana entrava no quarto para verificar se o filho estava bem. A campainha soou. Joana sabia tratar-se de Luísa.

— Olá, Joana. Resolvi vir um pouco mais cedo. Você ainda não está pronta?

— Entre, que eu explico.

— O que aconteceu? Você está com ar de preocupada.

— Julinho voltou a ter aquelas crises. Não sei o que aconteceu. Ele estava tão bem! Justo hoje, que eu iria ao centro espírita com você... Mas agora, com Julinho desse jeito, não conseguirei sair sossegada.

Luísa fez uma expressão de desconfiança. Pensou um pouco e depois perguntou:

— Você disse que Julinho estava bem até hoje?

— Ele teve crises quando eu e Humberto ainda estávamos juntos. Vivia doente. Quando nos separamos, achei que ele iria piorar, mas para minha alegria ele melhorou e nunca mais teve essas crises. Só voltou a tê-las hoje.

— Hum... Então o que estou pensando pode ter lógica.

— E o que você está pensando?

— Deixe-me ver Julinho primeiro. Depois explico.

As duas amigas foram até o quarto do menino. Ao vê-las, Rui afastou-se. Luísa sentou-se na cama e colocou as mãos sobre a cabeça do garoto, fazendo sentida prece.

Então apareceram dois vultos iluminados, dos quais Rui

não conseguiu distinguir os traços. De suas mãos saíam luzes brilhantes que envolveram Julinho. Em seguida, tiraram o espírito do menino do corpo e o levaram. Do corpo adormecido saía apenas um cordão prateado que se perdia no espaço.

Rui assistiu a tudo encolhido em um canto, com receio de ser preso.

Luísa terminou a prece e disse a Joana:

— Agora ele vai dormir mais tranqüilo. Provavelmente só acordará amanhã, mas fique atenta, mantendo o pensamento firme na luz. Rogue a Jesus que afaste esses espíritos maléficos de seu lar. Confie em Deus e tudo voltará ao normal.

Julinho dormia em paz, e as duas voltaram para a sala.

— Luísa, você me disse que sabia o que estava acontecendo com meu filho. O que é?

— É apenas uma hipótese. Eu já estava desconfiada de que essa tal de Matilde tinha feito um trabalho para separar você de Humberto. Agora tenho certeza. Você está sendo assediada por espíritos malvados que querem acabar com seu casamento.

— Até aí posso concordar, mas o que Julinho tem a ver com isso? Ele é apenas uma criança.

— Eles envolveram Julinho para impedir que você fosse comigo ao centro espírita. Está claro que sabem que, você indo, eles terão que ir embora. Não podem lutar contra a luz. Esses espíritos, embora sejam menos evoluídos espiritualmente, são inteligentes o bastante para usar seu magnetismo e conseguir o que desejam. Julinho é um menino sensível, é provável que tenha mediunidade. Assim, conseguiram envolvê-lo.

— Isso tem lógica, tanto é que conseguiram.

— Aí é que você se engana. Conversarei com o dirigente do centro espírita sobre seu caso e, se você permitir, faremos uma reunião extra aqui em sua casa. O que acha?

— Ótimo. Ficarei grata.

— Vou providenciar tudo. Tenho certeza de que Afonso concordará. Agora preciso ir, senão chegarei atrasada.

As duas amigas se despediram. Com a presença de Luísa

em sua casa, Joana sentiu-se bem melhor. Ao verificar a saúde de Julinho, viu que ele estava dormindo tranqüilamente, o que a fez sentir-se mais sossegada, voltando a seus afazeres.

Rui continuou no quarto à espera de Renato, que não tardou a aparecer. Ao vê-lo, foi logo falando aflito:

— Renato, você não sabe o que aconteceu aqui hoje.

— Sei, sim. Não precisa dizer nada. Nós vimos tudo. Ou você acha que não monitoramos nossos casos?

— Mas como vocês sabem? Como fazem para monitorar?

— Isso não lhe diz respeito, mesmo porque você não pode ficar sabendo, pois monitoramos vocês também. Nós sabemos de todos os seus passos.

— Está certo. Mas o que faremos agora?

— Vamos deixar esta casa. Aqui não conseguiremos mais nada. Vamos concentrar nossas forças em Humberto. Deixe Joana com esse povo. Ela não nos ameaça mais. O que nós queríamos aqui já conseguimos, que era separá-la de Humberto. Agora vamos embora.

Rui e Renato voltaram para a casa de Carlos, encontrando tudo sob controle. Ouviram o relatório de Elvira sobre Humberto. Renato, depois de ouvir atentamente, considerou:

— Quero que vocês prestem muita atenção no que vou lhes dizer. As coisas andam mais complicadas do que esperávamos. Na casa de Joana não há mais como agir, e aqui está ficando perigoso.

— Perigoso, por quê? — perguntou Rui, olhando para Elvira.

— Vocês sabem que trouxemos Humberto para cá pensando em ter um campo melhor para agir. Pretendemos influenciar Carlos a nos ajudar a fazer com que ele volte para Matilde. Elvira está trabalhando muito bem. Porém nós nos defrontamos com dois problemas que podem colocar em risco nosso trabalho: o primeiro é essa vizinha futriqueira, que vive se metendo na vida dos outros. Precisamos tomar muito cuidado para evitar que Humberto caia na lábia dela. O segundo é que ele está tendo muito contato com Ana, que anda lendo esses livros espíritas e, pelo jeito, está passando para o lado deles. Em suma: ela e Dona Amélia juntas podem tentar levar Humberto a esse tal centro espírita, o que para nós seria um desastre. Com tudo isso, o cerco está se fechando contra nós. Teremos que trabalhar rápido.

— Estou entendendo — disse Elvira. — Mas o que poderemos fazer?

— Por serem novatos, vocês não poderão fazer muito, por isso nosso chefe resolveu colocar um de nossos melhores homens na jogada. Ele virá para ficar com vocês até darmos o caso por encerrado. Quero que lhe obedeçam, entenderam?

— Sim — responderam os dois ao mesmo tempo.

— Ótimo.

— Posso fazer uma pergunta?

— Pode, Elvira.

— Estamos cansados. Não temos direito a folgas?

— Assim que seu novo amigo chegar, poderão descansar.

— Está certo. Mas quando ele chega?

— Daqui a pouco.

Passaram-se algumas horas. Humberto já se encontrava em seu quarto deitado quando chegou o homem que os três estavam aguardando.

Elvira, ao olhar para o desconhecido, sentiu um pequeno calafrio na espinha. Renato apresentou-o:

— Este é Pablo, o homem de quem lhes falei.

Os dois cumprimentaram o recém-chegado, dando-lhe as boas-vindas.

— Pablo, você já sabe o que tem que fazer. Eles estão aqui para ajudá-lo, mas, se qualquer um dos dois fizer alguma gracinha, você sabe como agir. Agora vou indo. Tenho muito trabalho pela frente.

Renato foi embora, deixando os dois sob o comando de Pablo, que, vendo os dois quietos, resolveu falar sobre sua forma de trabalho.

— Não gosto de conversa mole, portanto vamos colocar as

coisas em ordem por aqui. Elvira, você passa a me ajudar com Humberto. Rui, continue fazendo seus serviços sem muitas perguntas, pois sei que você quer saber de tudo. Então somente observe.

— Sim, senhor — responderam os dois mecanicamente, sem ousar questionar.

Humberto estava dormindo. Percebendo que ele estava em sono profundo, Pablo começou seu trabalho. Olhou para os dois, que estavam em um canto vendo a cena, e, com um sorriso sinistro, falou:

— Vamos começar a festa. Não digam nada, só observem.

Ele começou a ministrar em Humberto algumas energias. De repente, o espírito de Humberto saiu do corpo e Pablo colocou a mão direita em sua testa e ele começou a vê-los. Não gostou do que viu. Assustado, com medo, perguntou:

— Quem são vocês? O que querem de mim?

Foi Pablo quem respondeu:

— Não lhe interessa saber quem somos. Preste muita atenção no que vou lhe dizer.

Em seguida segurou pescoço dele e começou a sacudi-lo, jogando-o para perto de Rui e Elvira, que assistiam à cena estupefatos. Humberto, suplicante, olhou para Pablo e pediu:

— Eu não lhe fiz nada. Deixe-me em paz, por favor.

— É esse o seu problema, idiota. Você não faz nada.

Pablo foi novamente para cima de Humberto, dando-lhe tapas e pontapés. Depois de muito bater, olhou bem em seus olhos e disse:

— Isso é só para você aprender. Preste muita atenção no que vou dizer. Se você não voltar para Matilde, as coisas irão de mau a pior. Você está me entendendo?

— Estou, mas...

— Não tem mas nem meio mas. Volte para Matilde e eu o deixarei em paz. Guarde bem essas palavras. Se você voltar para Matilde, sua vida voltará ao normal, entendeu?

Já tonto pela surra, Humberto respondeu:

— Entendi, entendi.

— Agora, caia fora.

Ao dizer essas palavras, Pablo jogou Humberto para cima de seu corpo adormecido, fazendo-o acordar aos gritos e coberto de suor.

Maria acordou com o barulho, levantou-se preocupada e foi bater no quarto de Humberto. Quando ele abriu, ela perguntou:

— Está tudo bem?

— Está. Tive um pesadelo horrível. Sonhei que havia um homem me batendo. Foi tão real que cheguei sentir a dor dos socos que levei. Acordei assustado. Desculpe se a acordei.

— Não tem que se desculpar por nada. Essas coisas acontecem. Dizem que, depois de um pesadelo, devemos fazer uma prece ao nosso anjo da guarda, para que ele nos proteja. Faça isso. Agora vou me deitar. Se precisar de alguma coisa, é só me chamar.

— Boa noite, Dona Maria, e obrigado.

Humberto deitou-se novamente, mas não conseguiu dormir. Só quando o dia estava amanhecendo, foi que, vencido pelo cansaço, adormeceu.

Rui e Elvira não ousaram dizer nada a Pablo. Acharam melhor não fazer perguntas.

Pablo estava contente por ver tudo sair como havia planejado. Olhou para os dois, que estavam calados, e notou que ambos estavam temerosos. Resolveu tranqüilizá-los.

— Vocês dois não precisam temer. É só trabalhar direito, que nada vai lhes acontecer. Vou embora. Se alguma coisa estranha acontecer, me chamem. Hoje esse idiota não sairá de casa. Não o deixem falar com ninguém que não seja da casa e procurem afastá-lo de Ana. Volto mais tarde para continuarmos brincando.

Pablo foi embora, deixando os dois com muito medo. Foi Rui quem começou a falar:

— Você viu o que ele fez? Estamos numa fria!

— Fria? Estamos é numa geladeira! Essa gente é mais barra-pesada do que pensei.

— Bota pesado nisso! Ontem, quando eu estava na casa de Joana, me recusei a fazer o que Renato mandou. Ele colocou a mão em minha testa, furioso, e no mesmo instante comecei a sentir as dores do momento do meu desencarne. A cicatriz do meu peito voltou a sangrar e eu senti uma dor terrível, tudo de novo. Foi horrível!

— E como ele conseguiu fazer isso?

— Sei lá. Ele só colocou a mão em minha testa e pronto. E ainda me disse que o que ele fez é só uma amostra do que eles são capazes de fazer com a gente, caso resolvamos traí-los.

— Ai, Cristo... Se isso é só amostra, não quero nem imaginar o resto. O que você acha que devemos fazer?

— Acho que não devemos fazer nada. Devemos cumprir nossa missão e pronto. Depois ficaremos livres.

— Será? Eu não confio neles. Acho que seremos escravos deles para sempre.

— Não fale bobagens! Se ao terminar nossa missão eles não nos liberarem, aí veremos como escapar.

— E se falarmos com Sônia? Lembra que ela falou que, se precisássemos de ajuda, ela nos ajudaria?

— Nem pense nisso. Ontem, ao conversar com Renato, ele me disse que estávamos sendo vigiados. Não entendi muito bem, mas parece que eles têm uma espécie de câmera filmadora que registra tudo que fazemos o dia inteiro. Chamar Sônia seria suicídio. Além do mais, não sabemos se realmente ela poderá nos ajudar.

— Você tem razão. É melhor não tentarmos nada. Vamos fazer o combinado.

capítulo 8

O dia estava amanhecendo quando Carlos chegou em casa. Sentia-se cansado. Como sempre, tomou o café em silêncio. Seus olhos expressavam tristeza. Maria, ao vê-lo cabisbaixo, perguntou:

— Está tudo bem, filho? Você me parece triste, cansado. Desde que voltou de férias, anda nervoso. O que há? Não está se dando bem com o novo parceiro? Até hoje não me falou nada sobre ele.

— Não é bem isso, mãe. Fernando não é mau parceiro, mas tem um problema: é explosivo demais. Impõe sua autoridade policial na base da pancada, e a senhora sabe... eu não gosto de bater em ninguém sem que haja realmente a necessidade. Ele, não. Usa a força a todo momento. Às vezes chego a pensar que ele sente prazer em bater nos outros. Esta noite mesmo, abordamos um sujeito em frente a uma casa, em atitude suspeita. Em vez de Fernando pedir a carteira de identidade do cidadão e perguntar o que ele estava fazendo ali parado àquela hora da madrugada, ele já chegou pegando o homem pelo colarinho e, jogando-o ao chão, começou a chutá-lo. Tive que fazê-lo parar e acabei discutindo com ele. Quando verifiquei, o homem me disse que morava naquela casa e que havia brigado com a esposa, resolvendo sair para espairecer um pouco. A esposa dele apareceu e nos confirmou a história. Depois de conferir os documentos dele e ver que sua ficha era limpa com a polícia, eu o libertei e pedi desculpas, alegando que a atitude de Fernando, embora precipitada, fazia parte do procedimento. O homem, coitado, acabou nos desculpando e sua esposa ainda fez questão de nos oferecer café com bolachas.

— E isso o deixou aborrecido?

— Sim, porque o homem apanhou de graça e ainda ofereceu um café.

— Não fique assim. Essas coisas acontecem. Sei que você não gosta de injustiças. Penso que com seu exemplo talvez seu parceiro acabe se modificando.

— É, tomara que aconteça isso mesmo. Sinto que vou entrar em alguma fria por causa dele.

— Não pense assim. Confie em Deus. Não há de acontecer nada.

— Que assim seja. A propósito, não encontrei Humberto tomando café. Ele saiu mais cedo?

— Ele ainda nem acordou. Teve pesadelos esta madrugada, acordou agitado. Não deve ter dormido direito. Resolvi não o chamar, assim ele descansa mais um pouco.

— Fez bem. E Ana, como está?

— Sua irmã está bem, graças a Deus. Acho que é a influência de Amélia. Desde que as duas se tornaram amigas, Ana está melhorando a cada dia. Por incrível que pareça, os livros que Amélia emprestou estão lhe fazendo muito bem.

— Que bom que ela está bem. Pensei que Ana iria ficar meses chorando pelo que aconteceu.

— Eu também, mas graças a Deus ela está reagindo.

— Só espero que não fique como Dona Amélia, que acha que tudo é espírito...

— Não fale assim, filho.

— Mas é verdade! Do jeito que Dona Amélia fala, dá a entender que todos os nossos problemas se resumem em espíritos, que eles estão em toda parte. Se fosse assim, ninguém mais teria privacidade. Já pensou? A senhora tomando banho e um monte de espíritos olhando?

— Não fale bobagens! Não se deve brincar com essas coisas...

— Eu sei, mãe. Até acredito que pode ser verdade, mas não quero saber disso no momento. Deixe-me ir dormir.

Carlos beijou a mãe e foi deitar-se, deixando Maria cuidando dos afazeres domésticos, como já era de costume. O dia passou tranqüilo.

Humberto acordou indisposto, não querendo sair do quarto para nada. Não queria ver ninguém, estava com o corpo todo dolorido. Rui e Elvira ficaram com ele. De vez em quando ela se aproximava, fazendo-o lembrar-se de Matilde.

Maria preparou o almoço. Ao ver que Humberto não levantava, decidiu ir até seu quarto. Quando ele ouviu as batidas na porta, ficou irritado, pois não queria ser incomodado, mas levantou-se para atender.

— Boa tarde, Humberto — cumprimentou Maria. — Desculpe-me se o acordei, mas, como você não levantou para o desjejum e já está na hora do almoço, resolvi acordá-lo para comer.

— Obrigado, mas não estou com fome. O que preciso mesmo é descansar. Parece que esta noite tomei uma surra. Estou com o corpo todo dolorido e não tenho vontade de fazer nada, nem de comer.

— Ora, filho, você precisa reagir! Vá até o banheiro, tome um banho e troque de roupa. Enquanto isso, vou preparar uma sopa para você. Precisa se alimentar, não pode ficar sem comer.

— Não precisa se preocupar comigo, Dona Maria. Eu estou bem.

— Não é preocupação. Você me parece tão fraco... Uma boa sopa vai reanimá-lo. Bem, já falei demais. Vou fazer a sopa e você vai tomá-la, quer queira, quer não.

Maria saiu em direção à cozinha. O carinho dela fez bem a

Humberto, que se sentiu um pouco melhor. Ele se lembrou dos tempos de criança, quando, ao ficar doente, todos o cobriam de atenções e cuidados. A atitude maternal de Maria fazia-o sentir-se protegido.

Foi para o chuveiro e tomou um bom banho, mas não teve disposição para sair. Maria levou-lhe a sopa, e ele, mesmo sem vontade, acabou tomando.

Depois da refeição, Humberto voltou a dormir mais um pouco, tendo seu sono vigiado por Rui e Elvira, que, vendo-se folgados, começaram a conversar:

— Você não está cansada deste marasmo? — perguntou Rui.

— Estou, mas o que me irrita é não poder sair daqui para nada.

— Eu também não queria ficar aqui. Queria estar pelas ruas, ao lado de Carlos, vendo-o trabalhar e até ajudando-o no que fosse possível. Queria poder ver meus pais, minha namorada.

Ao lembrar-se de sua vida na Terra, Rui chorou. Elvira tentou animá-lo:

— Pare de chorar. Não gosto de ver ninguém chorando.

Estavam vivendo a mesma situação. Elvira, vendo que ele continuava chorando, comoveu-se e começou a chorar também. Os dois se abraçaram, tentando dividir seus sentimentos. Ficaram algum tempo assim, até que Rui, mais calmo, procurou reagir.

— Eu pensava que tudo acabava com a morte. Que burrice! Além de continuar vivo, ver o que acontece, ainda se pode chorar...

Elvira, vendo o jeito ingênuo de Rui, sorriu por entre as lágrimas.

— Você tem razão: nem depois de mortos deixamos de ter sentimentos.

— Minha mãe sempre dizia: "Rui, quando você estiver com problemas, em vez de chorar, acredite que o problema está resolvido, e logo isso acontecerá".

— Acho que sua mãe estava certa. Em vez de ficarmos aqui nos lastimando, é melhor unirmos nossas forças para resolver nossos problemas.

Os dois passaram a conversar sobre o que fazer quando saíssem. Assim, a tarde passou mais depressa.

Ao anoitecer, Renato e Pablo chegaram, encontrando Rui e Elvira em animada conversa, tão distraídos que não perceberam a chegada dos dois homens, assustando-se ao vê-los.

Renato estava bem-disposto. Percebendo isso, Rui e Elvira resolveram aproveitar-se da situação:

— Renato, nós queremos lhe pedir um favor — disse Rui.

— O que vocês querem?

— Estamos aqui dia e noite... Andamos pensando e... Será que você poderia nos deixar sair esta noite?

— Não deveria, mas, como as coisas estão andando do jeito que queríamos, vamos fazer assim: hoje você sai comigo, passamos na casa de seus pais e depois ficaremos com Carlos e Fernando. Amanhã será a vez de Elvira.

— Eu não posso sair sozinho?

— Não, pois não confiamos em vocês. Portanto, se você quiser sair comigo, tudo bem. Caso contrário, você fica aqui mesmo.

— Tudo bem. Eu o acompanho — concordou Rui.

— Quanto a você, Elvira, amanhã irá visitar seu antigo lar. Prepare-se, pois as coisas por lá não andam nada bem.

— Como assim? O que está acontecendo com Marcos?

— Amanhã você saberá. Agora vamos, Rui.

Os dois saíram. Ao chegar à casa de seus pais, Rui ficou contente em vê-los e beijou-os com carinho. Emocionou-se, recordando com saudade o tempo em que vivera naquela casa, as conversas com a mãe, sempre amorosa e amiga.

Quando Renato o chamou para irem embora, Rui mais uma vez foi ao encontro da mãe e deu-lhe um longo abraço.

Quando chegaram à viatura policial, encontraram Carlos e Fernando discutindo:

— Não estou achando correto seu procedimento, Fernando.

— Deixe de ser maricas! O que você quer que eu faça? Que saia beijando os bandidos?

— Não é isso. Você viu o que fez na noite passada. Bateu em um cidadão injustamente.

— É, nessa eu errei, você tem razão. Mas quem mandou o cara ficar na rua àquela hora da madrugada?

— Aquele homem é um cidadão de bem que trabalha, paga seus impostos, faz sua parte como todos os cidadãos de bem deste país. E são eles que pagam nosso salário todos os meses. Ele pagou para ter direito a segurança e era exatamente por isso que estava na rua, na porta de sua casa, naquela hora da madrugada. Em seu pensamento, achou que nós faríamos nossa parte para protegê-lo e não para espancá-lo.

— OK. Você venceu. Eu já disse que me arrependi, 'tá legal?

— Não, não está nada legal. Mude suas atitudes, senão você se meterá em encrencas. E o pior não é isso. Se você arrumar problema sozinho, tudo bem. A questão é que você vai me colocar nas suas encrencas. Eu não gosto disso.

— Você está certo, vou procurar melhorar.

— Assim espero. Caso contrário, serei forçado a comunicar sua conduta a nossos superiores, e você sabe muito bem que, se eu fizer isso, sua situação pode se complicar.

— Você está me ameaçando?

— Estou, mas é para o seu próprio bem.

Carlos não falou mais nada, deixando Fernando meditar sobre suas atitudes. Renato e Rui ouviram toda a discussão. Renato comentou:

— É, Rui... Seu amigo está certo. Fernando vai se meter em encrenca da grossa.

— O que vocês estão tramando para Fernando?

— Nós vamos fazê-lo aprender que essa autoridade que ele tanto ostenta não lhe servirá para nada.

— O que vocês vão fazer para Fernando não é problema meu, mas deixem Carlos fora disso.

— Hum... Você está preocupado com seu amigo? Quanto amor! Será que vocês tinham um caso? — comentou Renato com ar zombeteiro.

— Não seja cínico. Você sabe que não é nada disso. Ele é meu amigo, gente boa. Não quero que nada de mau lhe aconteça.

— Não se preocupe. Nosso alvo não é Carlos. Agora, se ele resolver se intrometer no assunto, será problema dele.

— Ainda que mal lhe pergunte, o que Fernando fez para você?

— Para mim, nada.

— Certo... Mas, para vocês quererem prejudicá-lo, alguma ele aprontou. Você poderia me contar o que ele fez de tão grave?

— Você quer mesmo saber?

— Se estou lhe perguntando, é porque quero.

— Há mais ou menos um ano, Fernando namorava uma moça chamada Bia. Ela, por sua vez, se apaixonou por João. Porém João estava noivo de Laura, e a amava muito.

— Nossa, que confusão.

— Concordo, mas você está entendendo?

— Claro, prossiga.

— Fernando sempre foi explosivo e, apesar de gostar de Bia, maltratava-a. Pudera, ela também não era confiável! João era amigo de Fernando. Assim que Bia o conheceu, apaixonou-se por ele. Dali em diante, fez tudo que podia para que ele correspondesse ao seu amor. Mas João era fiel a Laura e jamais trairia a confiança do amigo. — Renato fez ligeira pausa e, vendo que Rui o ouvia atento, continuou: — Pois bem... O tempo foi passando e Bia estava cada vez mais alucinada por João, que sempre se esquivava. Até que um dia Bia se encontrou a sós com ele. Ela estava transtornada, tentou beijá-lo à força e, vendo que ele a recusava, tirou a roupa e ficou nua na frente dele. Acreditava que ele não iria resistir, porém ela estava enganada. João pegou as roupas que ela deixara no chão e jogou-as em cima dela, mandando-a vesti-las e dizendo que nunca teria relações com ela. Depois ele virou as costas e saiu, deixando-a furiosa e descontrolada. Tendo seu orgulho de mulher ferido, Bia resolveu se vingar. Começou a se arranhar, a bater em si mesma com violência, para deixar marcas. Rasgou o vestido e saiu rumo à casa de Fernando. Não se importou de sair à rua daquele jeito. Ao chegar à casa, encontrou-o descansando. Fernando, ao vê-la daquele jeito, assustou-se, questionando o que acontecera. Fazendo-se de vítima, Bia acusou João de tê-la agarrado à força e de tentar estuprá-la. Fernando, sem questionar, pegou sua arma e procurou João. Encontrou-o ao lado da noiva, na porta da casa dela. Louco de raiva e ciúme, de arma em punho, Fernando ordenou que os dois entrassem em seu carro. João tentou conversar, mas o amigo não lhe deu ouvidos. Levou-os para sua casa. Bia esperava-o e Fernando a mandou embora. Depois, levou João e Laura para seu quarto. Ambos estavam apavorados. João lhe implorou que não fizesse nada, mas foi em vão. Fernando começou a torturá-los. Mandou os dois tirarem as roupas, dizendo que, se não o fizessem, ele os mataria. Os dois obedeceram. Fernando amordaçou João, algemou-o, pegou uma corda e amarrou-o em uma cadeira. Voltou-se para Laura, amordaçou-a também e jogou-a em cima da cama, passando a espancá-la. João olhava tudo sem poder fazer nada. Fernando, em sua loucura, olhou para João e disse: "Você tentou transar com minha namorada. Agora você vai me ver transando com a sua". E, assim, ele estuprou Laura na frente de João. Ao terminar, deixou-a na cama gemendo e voltou-se para João. Pegou uma carteira de cigarros, acendeu um e passou a dar uns tragos. Depois, apagou o cigarro no órgão genital de João. Fez isso com o maço inteiro. Depois de causar tanto sofrimento, como se não bastasse, foi até a cozinha, pegou um facão, voltou para o quarto e começou a esquartejá-los vivos. Quando Fernando viu que ambos estavam mortos, pegou os corpos, colocou-os no porta-malas do carro, foi até uma represa nas proximidades da cidade e jogou-os no rio. Voltando para casa, limpou tudo como se nada tivesse acontecido. João e Laura acordaram no plano espiritual com muito ódio e resolveram se vingar. Procuraram nossa organização, que aceitou ajudá-los, e aqui estou eu para fazer o trabalho.

— Ufa! Que história! Chegou a embrulhar meu estômago... Esse cara é um animal e merece ser enjaulado — considerou Rui. — Espere aí! Eu me lembro desse caso. Os dois corpos apareceram boiando às margens da represa. Fomos nós, eu e Carlos, que respondemos ao chamado e fizemos a ocorrência. Os corpos estavam irreconhecíveis. Foi um crime muito comentado na época. E o assassino nunca foi encontrado. Quem poderia imaginar que tinha sido um policial o autor de crime tão hediondo?

— Mas foi.

— Então por que você não inspira algum policial a desvendar o caso e colocá-lo na cadeia? Não seria mais fácil?

— Seria, mas tanto João quanto Laura querem vê-lo pagar com a mesma moeda aquilo que ele fez .

— Certo. Mas, e Bia? Vocês não estão cuidando dela? Afinal de contas, quem provocou tudo foi ela.

— Concordo com você, mas ela já pagou pelo seu crime.

— Como? Ela também desencarnou? Fernando a matou?

— Não. Depois do ocorrido, ele a procurou e pediu que ela dissesse que não sabia de nada, caso alguém perguntasse alguma coisa. Ele a ameaçou, mas não contou o que havia feito. Quando os dois corpos foram achados, Bia deduziu o que havia ocorrido. Ela não esperava que Fernando fosse fazer aquilo. Arrependida e com medo, não disse nada a ninguém, não procurou mais Fernando, mas o remorso bateu forte, perturbou sua mente, deixando-a louca. Hoje, Bia encontra-se internada em um sanatório, não fala mais coisa com coisa. Achamos que ela já está pagando pelo que fez, por isso resolvemos deixá-la com o fantasma de sua própria culpa.

— Nossa! Ao ver Fernando, eu já havia percebido que ele não era boa coisa, mas não imaginava que chegasse a tanto.

— *Atenção todos os carros! Atenção todos os carros!*

Ao ouvirem o chamado, Rui e Renato interromperam a conversa e não tocaram mais no assunto pelo resto da noite.

capítulo 9

Renato e Rui voltaram para a casa de Carlos. Ao entrarem no quarto de Humberto, Renato tratou de inteirar-se dos acontecimentos da noite e gostou do que ouviu.

Pablo dera mais uma surra em Humberto, o que novamente o deixou sem dormir. As coisas estavam realmente a favor da organização. Após dar algumas ordens a Elvira, Fernando saiu do local levando Pablo consigo.

Rui, ao ver-se só com Elvira, resolveu colocá-la a par das últimas notícias.

— Esta noite fiquei sabendo por que a organização está atrás de Fernando.

— Não é difícil adivinhar. Alguma desocupada deve estar querendo amarrá-lo. Não é para isso que eles trabalham? — disse Elvira, com tom sarcástico.

— Não é nada disso. Escute a história.

Rui contou tudo a Elvira, que escutou abismada. Quando ele terminou, ela comentou:

— Sujeitinho sujo esse Fernando! Bem que ele merece uma lição.

— Concordo, mas estou preocupado com Carlos.

— Com Carlos? Mas o que ele tem a ver com essa história?

— Nada, mas meu medo é que, quando a organização for se vingar de Fernando, Carlos esteja junto.

— Não havia pensado nisso. Dispostos a acabar com um, esses caras não estão nem aí se alguém se ferrar junto. Temos que fazer alguma coisa para ajudar Carlos a ficar longe dessa confusão.

— Precisamos pensar em algo, mas por ora não tenho nenhuma idéia. Temos que achar um jeito.

— Renato disse alguma coisa sobre o que vai acontecer hoje à noite?

— Não. Nem tocou no assunto. Por que a preocupação?

— Não sei... Algo me diz que vai acontecer alguma coisa com Marcos. Bem, seja lá o que for, só vou saber na hora. Renato não quis me adiantar nada.

— Concordo com você: ele nunca nos diz nada. Nem sei como ele me contou a história de Fernando, pois já declarou que não confia na gente.

— Nesse caso, estamos empatados, porque também não confiamos neles.

— Por falar neles, como foi esta noite?

— Você se lembra da noite anterior, não se lembra?

— Claro. Como eu poderia esquecer?

— Então! Foi um pouco pior! Pablo bateu tanto em Humberto que só sossegou quando o fez jurar que voltaria para Matilde.

— Coitado! Logo, logo, ele voltará para ela. Mas, por outro lado, isso significa que estaremos livres.

— Não sei, não. Ele está resistindo, não quer voltar para ela de jeito nenhum. Olhe ali! Ele já está acordando!

Humberto acordou indisposto. Era a segunda noite seguida que não dormia direito. Pensou em ficar na cama, mas lembrou-se de seus afazeres. Afinal, se não estava em condições de ir ao escritório, pelo menos tinha que falar com sua secretária para saber como as coisas andavam.

Uma hora depois, Humberto desceu até a sala. A casa estava vazia. Carlos provavelmente dormia e Maria devia estar fazendo compras.

Pegou o telefone e ligou para o escritório. Ao certificar-se de que as coisas estavam caminhando sem maiores problemas, desligou o telefone e ficou ali mesmo na sala, sem coragem para nada, pensando:

"Preciso reagir. Não posso me deixar abater. Tenho que recuperar minhas forças e voltar à minha vida normal."

Lembrou-se de Matilde e do envolvimento que teve com ela, questionando tudo e, ao mesmo tempo, lembrando-se dos momentos de prazer a seu lado.

"Pensando bem, Matilde até que tem seus encantos. E se ela estiver falando a verdade? E se o filho que ela está esperando for realmente meu? E se ela me ama e realmente está arrependida de ter me traído? Ela não era minha mulher, mas minha amante. Talvez eu tenha sido precipitado demais. Joana eu não amo. Aliás, fazia anos que eu não a amava mais. Com Matilde já é diferente. Gosto dela, ela me dá prazer. Por que não voltar para ela? Não! Voltar, não!"

E assim Humberto passou todo o dia, questionando os prós e os contras de seu romance com Matilde.

A tarde já estava no fim quando Carlos se levantou. Ao ver o amigo quieto na sala, foi ter com ele. Elvira e Rui também estavam presentes.

— Como vai, Humberto?

— Não estou nada bem. As coisas andam complicadas para o meu lado. Para completar, não consigo dormir e, quando durmo, tenho pesadelos horríveis. Vejo um homem me bater, mas não consigo me lembrar do que ele me diz. Vejo também um casal. Uma mulher de aspecto tenebroso e um homem também de péssima aparência.

Elvira olhou para Rui e disse:

— Acho que ele está se referindo a nós.

— Você acha?! Eu tenho certeza! Só não sabia que eu estava tão feio assim...

— Nem eu... Ah, ele é um idiota!

— Fique quieta, Elvira. Vamos ouvi-lo.

— São só pesadelos — disse Carlos.

— Eu sei, mas é tudo tão real que, quando acordo, parece que apanhei mesmo. Sinto dores por todo o corpo, não tenho ânimo para mais nada.

— Isso se chama depressão. Com todos os problemas que você vem enfrentando, isso é normal. Vai passar.

— É. Pode ser... Mas quero confessar uma coisa.

— Fale. Sou todo ouvidos.

— Andei pensando em Matilde. Às vezes, tenho vontade de voltar para ela.

Nesse momento, Rui entrou em ação, aproximando-se de Carlos para o intuir quanto ao que deveria responder.

— Sabe o que acho, Humberto? Você gosta de Matilde e foi um pouco injusto com ela. Pense bem. Quando vocês se conheceram, você era casado e a tomou como sua amante. Avalie como ela poderia estar se sentindo com tudo isso. Tente colocar-se no lugar dela. Provavelmente ela achou que você fosse usá-la. É o que a maioria dos homens faz com as amantes. Pense um pouco. Se você se deu o direito de ficar com sua esposa e com ela, porque ela não poderia ter dois homens?

— Você está certo: não tenho o direito de cobrar nada dela.

— Além disso, quem garante que ela não esteja falando a verdade, que o filho que ela está esperando não seja seu mesmo? Acho que você está sofrendo por não estar com ela.

— Pode ser. Penso muito nela. Às vezes, o dia inteiro.

— Sendo assim, por que não a procura para conversar? Quem sabe, vocês se entendem? Agora você está livre e disponível. Não há nada que o impeça de ser feliz ao lado de Matilde. Esqueça o passado. O que passou passou.

— Você está certo. Vou ligar para Matilde e marcar um encontro para amanhã à noite.

— Faça isso. Agora vou me trocar para ir trabalhar. Enquanto isso, aproveite que a casa está vazia e ligue para Matilde. Assim você conversa mais à vontade.

Humberto ligou para Matilde e marcou um jantar para o dia seguinte. Rui e Elvira estavam contentes.

— Rui, você foi o máximo! Tudo que você falou para Carlos, ele passou para Humberto.

— Você também foi maravilhosa fazendo-o lembrar-se dela.

— Será que agora eles voltam?

— Com certeza.

— Conseguimos, Rui. Até que enfim, vou ficar livre para estar com Marcos.

— Eu também vou poder fazer o que bem entender.

Quando Renato e Pablo chegaram, Rui e Elvira contaram os últimos acontecimentos com entusiasmo. Renato congratulou-os:

— Parabéns! Vocês fizeram um ótimo trabalho. Elvira, você vai comigo para a casa de Marcos. Pablo e Rui vão ficar com Fernando e Carlos.

— Mas quem vai ficar aqui com Humberto? — perguntou Rui.

— Hoje vamos deixá-lo sozinho. Assim ele se sentirá bem-disposto para ir ao encontro de Matilde amanhã. Agora vamos. Esta noite promete — disse Renato, rindo sarcasticamente.

Elvira, ao chegar ao apartamento, encontrou Marcos com Elisabete usando drogas e explodiu em cólera.

— Essa lambisgóia não desistiu ainda? Está vendo, Renato? Como posso ficar longe de Marcos? É só eu me afastar um pouco, e ele volta para essa sirigaita.

— Acalme-se, pois não será por muito tempo.

— Como assim?

Ela mal terminou de falar e entraram algumas entidades trevosas no apartamento. Elvira, assustada, questionou:

— Quem são esses caras?

— São os "amiguinhos" do seu marido.

— Como não os vi durante o tempo em que estive aqui?

— Você está em uma vibração um pouco diferente da deles. Além do mais, você não interessa para eles.

— Tudo bem, mas o que eles querem? Parecem ansiosos.

— Parecem, não. Estão ansiosos.

Sem serem notados pelos espíritos visitantes, Renato e Elvira ficaram observando a cena. Aqueles seres estavam envolvendo Marcos e Elisabete em pensamentos de luxúria e sexo, deixando-os cada vez mais enlouquecidos.

Os espíritos estavam se divertindo com aquilo, quando o chefe do grupo percebeu a presença de Renato. Ficou furioso e foi ter com ele.

— O que você quer aqui, Renato? Esse sujeito é nosso. Não vem que não tem. Ele não faz parte do seu bando, portanto caia fora daqui.

— Ei, calma aí, Lalo! Não estou aqui para "pegar" o sujeito. Antes de mais nada, esta é Elvira, a esposa de Marcos. Viemos só para vê-lo, mais nada.

— Eu sei quem ela é. Se vocês realmente vieram aqui só para vê-lo, podem ficar. Mas, se você tentar alguma gracinha, Renato, vai se ver comigo. Portanto, não se meta em meus assuntos.

— Tudo bem, a casa é sua. Fique à vontade: não vou me intrometer em nada.

— Se é assim, podem ficar.

Lalo voltou para seu posto. Elvira assistiu a todas as cenas do casal, ora fazendo sexo, ora usando drogas. Dirigindo-se a Renato, questionou:

— O que esse grupo vai fazer? Eles estão cada vez mais drogados. Faça alguma coisa.

— Você está louca? Marcos se meteu com gente muito perigosa. Não tome parte nisso. Além do mais, não vou me intrometer, mesmo porque não vou brigar com a gangue de Lalo. Eles são perigosos, e trabalhamos com a política da boa vizinhança. Eles não se metem em nossos negócios e nós não nos metemos nos deles. Quanto a você, fique quieta. É só o que lhe resta fazer: observar.

A noite ia passando, até que a campainha do apartamento soou. Marcos foi ver quem era. Olhou pelo olho mágico. Reconhecendo a figura de Vinho, assustou-se e não quis abrir a porta.

— Marcos, abra essa porta. Sei que você está aí. Abra agora, senão vai se arrepender.

Ao ver os homens que acompanhavam Vinho, Elvira questionou:

— Quem são aqueles? Por que Marcos não quer abrir a porta?

— Eles são traficantes. Marcos está devendo uma grana preta para esses caras.

Depois de muita insistência, Marcos abriu a porta.

— Olhe, Vinho, eu vou lhe pagar tudo que devo. Tenha só um pouco mais de paciência.

— Minha paciência acabou já faz tempo. Cadê meu dinheiro?

— Ainda não tenho, mas vou arrumar.

Vinho e seus comparsas começaram a agredir Marcos, dando-lhe socos no abdome. Elisabete, seminua, foi até a sala ver o que estava acontecendo. Quando viu os homens, ficou apavorada. Elvira, por sua vez, não sabia o que fazer. Tentou intervir, mas Renato a segurou.

Os espíritos que estavam com Lalo gritavam e festejavam. Lalo, por sua vez, postou-se ao lado de Vinho, sugerindo-lhe atirar.

— Atirem logo antes que os gambás cheguem — dizia ele aos ouvidos de Vinho, que registrou suas palavras.

— Marcos, ou você paga o que me deve, ou vocês dois vão morrer.

— Calma, Vinho! Dê-me mais um prazo. Juro que vou lhe pagar tudo.

Vinho, resoluto, engatilhou sua arma.

— Reze, Marcos. Você vai morrer.

— Não, Vinho! Por favor, não atire!

Vinho apertou o gatilho e deu dois tiros em Marcos. No mesmo instante, um de seus comparsas atirou em Elisabete. O casal caiu no chão. Vinho e seus companheiros saíram correndo.

Marcos e Elisabete deram os últimos suspiros. Naquele instante, os espíritos que os acompanhavam formaram um círculo em volta dos dois. Alguns os ajudaram a se desligar da matéria.

Ambos acordaram no plano espiritual envolvidos pelos espíritos sinistros que os envolviam. Marcos olhou em volta desesperado. Avistou Elvira e gritou:

— Elvira, ajude-me! Por favor, ajude-me!

Elvira tentou aproximar-se do grupo, mas Renato a impediu. Pouco depois, o bando de Lalo saiu, levando junto o casal recém-desencarnado.

Elvira começou a chorar. Havia perdido o marido pela segunda vez. Renato deixou-a ao lado do corpo de Marcos sem lhe dirigir a palavra. Percebia o que ela estava sentindo e não podia fazer nada para mudar aquela situação.

Enquanto isso, no carro de Carlos, o rádio chamava com insistência:

— *Atenção todas as unidades! Denúncia de tiros disparados no edifício Alca, na Avenida Senador.*

Fernando comunicou-se com a central. Após saber dos detalhes, dirigiu-se ao local em companhia de Fernando.

Rui, que estava no carro com Pablo ao ouvir o chamado e o local da ocorrência, perguntou a ele:

— Esse não é o prédio em que mora o marido de Elvira?

— Não sei. Mas, se for, logo veremos.

Carlos e Fernando chegaram ao apartamento indicado. Os vizinhos só abriram suas portas depois que viram a polícia chegar. Um a um, foram saindo para ver o que havia acontecido.

Ao entrarem no apartamento, Carlos e Fernando encontraram no chão os corpos de Marcos e Elisabete circundados por uma poça de sangue.

Carlos verificou a pulsação dos dois e comprovou que estavam mortos. Quanto a isso, não havia mais nada a fazer. Olhou para Marcos e teve a impressão de conhecê-lo de algum lugar.

Deu uma ligeira vasculhada no apartamento e deparou com um porta-retratos em que estava a foto de casamento de Marcos e Elvira. Olhou para Fernando e disse:

— Mundinho pequeno este. O sujeito assassinado provocou a morte da esposa alguns meses atrás em um acidente de automóvel. Na época, eu e Rui registramos a ocorrência.

— Mas o cara não perdeu tempo... Logo arrumou outra.

— Quer apostar que esse crime foi acerto de contas?

— Não vou apostar, porque você vai ganhar.

Os dois fizeram seu serviço. Interrogaram os vizinhos, que não viram nada. Chamaram a perícia técnica e aguardaram.

Ao entrar no apartamento, Rui encontrou Elvira no chão, ao lado do corpo do marido. Vendo-a totalmente perturbada, foi a seu encontro.

— Elvira, procure se acalmar. Levante-se.

Rui fez com que ela se levantasse e colocou-a sentada em um sofá.

— Ah, Rui, foi horrível! — desabafou ela, colocando a mão no rosto e chorando compulsivamente.

— Não fique assim. Veja o lado bom: Marcos agora está do nosso lado. Vocês poderão ficar juntos.

— Não. Marcos e ela foram levados daqui por outra organização, que, pelo jeito, é mais perigosa do que a nossa.

Ao ouvir Elvira, Rui olhou para Renato, que estava assistindo ao sofrimento dela, sem dizer nada, como a pedir-lhe que o ajudasse a consolá-la.

Renato percebeu a intenção dele e aproximou-se de Elvira, dizendo:

— Pare de chorar. Vamos ser realistas: seu marido não era

dos melhores e não tínhamos como evitar o que aconteceu. Além disso, foi ele mesmo quem atraiu aquela organização. Se eu fosse você, parava de me lastimar. Ele não a amava e foi com a outra que ficou, mesmo depois de desencarnar. Conforme-se com isso.

Rui olhou para Renato com ar de recriminação, pois não achou correta a maneira como ele expôs a situação. Elvira ficou pensativa e, após alguns minutos, respondeu:

— Você tem razão. Preciso me conformar. Mas o que vou fazer daqui para a frente? Estou em um lugar sem meus amigos, sem meus parentes, sem ninguém. Nem minha mãe eu encontrei. Sempre achei que quando morresse iria encontrá-la, mas não foi o que aconteceu. Desde que desencarnei, minha vida está uma droga. A única coisa que consigo fazer é arrumar confusão.

— Não fale assim — disse Rui. — Veja o lado bom: você conseguiu um amigo. Tudo bem que não sou aquilo que se pode chamar de amigo, mas estou fazendo o que posso.

Diante das palavras dele, Elvira sorriu levemente. Ele continuou:

— Acalme-se. Não se esqueça de que temos mais algumas questões para resolver.

Elvira entendeu o que Rui queria dizer. Os quatro continuaram no apartamento até acabarem os procedimentos da polícia, o que só aconteceu pela manhã.

capítulo 16

Humberto acordou bem-disposto naquela manhã e conseguiu fechar um bom negócio, o que lhe garantiu relativo alívio em sua situação financeira.

Satisfeito ao ver seu trabalho concluído, no final da tarde ele pensou:

"Matilde realmente me faz bem. Foi só pensar em perdoá-la e marcar um encontro, que meus problemas começaram a se resolver."

Ele ficou um pouco mais no escritório, pois havia marcado o encontro para as oito e decidira não ir para casa. No horário marcado, dirigiu-se ao restaurante e, momentos depois, Matilde apareceu. Ao vê-la aproximar-se, pensou:

"Não sei o que ela tem, mas só de vê-la me sinto feliz. Apesar de tudo que aconteceu, acho que a amo."

Levantou-se e cumprimentou-a com um leve beijo em seu rosto.

— Sente-se. Como tem passado?

— Apesar dos enjôos, bem. E você?

— Agora estou bem. Hoje consegui fechar um bom negócio que me fez ficar contente.

— Fico feliz por você, mas não foi para falar de negócios que você me chamou aqui, foi?

— Não. Escolha o menu. Depois conversaremos.

Com um gesto, Humberto chamou o garçom, que lhe trouxe o cardápio. Esperou Matilde escolher o prato e depois fez seu pedido. Assim que o garçom se afastou, voltou-se para Matilde.

— Eu a convidei para esse jantar a fim de esclarecermos nossa situação.

— E o que você pretende esclarecer, meu amor? — perguntou ela, com voz doce.

— Não sei nem como começar...

— Então não diga nada. Deixe que eu falo. Eu sei que errei, mas coloque-se em meu lugar. Eu o amo desde a primeira vez que o vi, mas você era casado. Eu nem sabia se podia confiar realmente em nosso relacionamento. Aquele homem que você viu comigo não significou nada para mim. Perdoe-me, Humberto. Eu o amo muito e estou arrependida do que fiz. Esse filho que estou esperando é realmente seu. Fique comigo, amor. Vamos esquecer o passado e colocar uma pedra neste assunto. Nós nos amamos.

Matilde sussurrava sua súplica de amor. Ao terminar de falar, inclinou-se para beijar Humberto, que se deixou envolver prazerosamente.

O jantar foi servido e ambos comeram conversando animadamente. Ao ser servida a sobremesa, Matilde resolveu dar sua última cartada naquele jogo.

— Humberto, meu amor, vamos para minha casa. Venha morar comigo a partir de hoje e serei a mulher mais feliz deste mundo.

Ele não resistiu ao apelo, feito em um momento tão especial, e respondeu:

— Vamos fazer assim, meu amor: vou para sua casa hoje; amanhã é sábado e, como não vou trabalhar, irei à casa de Carlos buscar minhas coisas. Assim, aproveito para agradecer-lhes o que fizeram por mim.

— Você é quem sabe, meu querido. Não conheço Carlos

ainda, mas já começo a gostar dele, pois, se é seu amigo, é meu também.

— Há mais uma coisa. Como você sabe, eu me separei de Joana, mas não de meus filhos. Por isso combinei com ela que eu iria passar os sábados com eles.

— Você tem razão: as crianças precisam de você. Quero que saiba que tratarei de seus filhos como se fossem meus também.

Matilde disse aquelas palavras para agradá-lo, mas intimamente não o queria perto dos filhos que ele tivera com Joana. Pensou:

"Por ora eu concordo com isso. Mais tarde verei o que fazer para afastá-lo daqueles pirralhos."

— Fico contente por você pensar assim. Com o tempo, nós nos tornaremos uma família muito feliz — disse ele com um sorriso nos lábios.

— Amor, podemos ir embora? Sinto-me enjoada.

— Claro. Vou pedir a conta.

Humberto saiu do restaurante rumo à casa de Matilde. Chegando lá, tiveram uma longa noite de amor.

O dia mal havia clareado e Humberto já estava em pé. Matilde, ao vê-lo acordado, levantou-se para fazer o café.

— Você já vai para a casa de Carlos?

— Já, meu amor. Só vou tomar o café e me arrumar, pois quero pegar minhas roupas e depois levar meus filhos para passear.

— Você me dá uma carona até a Praça 15?

— Dou. Mas o que você vai fazer? Precisa se cuidar, não pode ficar andando por aí. Não se esqueça de que está grávida, minha querida.

— Eu sei, mas tenho uma amiga que mora lá. Ela não está muito bem de saúde. Além do mais, eu já havia combinado visitá-la hoje.

— Tudo bem. Arrume-se, que eu a levo.

Matilde vestiu-se, pegou sua bolsa e saiu com Humberto. Ela tinha marcado hora com mãe Francisca.

— Chegamos. Em que casa você vai?

Matilde pensou rápido. Ao ver um casarão no final da rua, apontou:

— Naquela casa grande no final da ruazinha, mas pode me deixar aqui. A rua é sem saída e ficará difícil para você manobrar o carro. Além disso, não quero atrasá-lo. Você ainda tem que ver seus filhos.

Matilde pronunciara as palavras mágicas.

— Está certo, mas cuide-se.

Os dois se beijaram e Matilde saiu do automóvel, indo em direção ao casarão. Ao ver Humberto se afastar, voltou e foi para a direção oposta, rumo ao terreiro de mãe Francisca.

Lá chegando, encontrou fila, pois era sábado, dia de trabalhos com os guias. Nesse dia, mãe Francisca não atendia a consultas particulares. Matilde entrou no corredor chamando-a, no que logo se fez ouvir.

— Entre, você já conhece o caminho.

Matilde sentou-se na cadeira de consulente e foi logo falando:

— Vim aqui para lhe agradecer. Humberto voltou para mim, como eu havia pedido.

— Eu já sei, filha. Nossa parte está cumprida. A partir de agora, é só com você.

— Como assim? Vocês não vão continuar me ajudando?

— Não. O que combinamos e cumprimos era que ele voltasse para você, mas daqui para a frente cabe a si própria segurá-lo.

— Pensei que a senhora fosse continuar me ajudando, mas tudo bem. Mesmo assim, obrigada.

— Não há de quê, mesmo porque não trabalhamos de graça. Mas devo esclarecer algumas questões.

— Esclarecer o quê?

— Você pediu para eu fazer um trabalho de amarração, ou seja, para amarrarmos seu homem a você. Isso já foi feito, mas deve saber que, quando fazemos um trabalho desse gênero, estamos forçando uma união.

— Disso eu sei, mas qual é o problema?

— O problema é que você não sabe se Humberto é o homem que Oxalá lhe designou. Ele está com você porque foi forçado a isso, o que significa que, se ele não for o homem de sua vida, você será infeliz ao lado dele.

— Eu, infeliz? A senhora está louca! Pois fique sabendo que ele é o homem de minha vida e me ama. Não viveremos um longe do outro.

— Não, ele não a ama. Foi forçado a amá-la. É diferente. Só estou lhe avisando isso porque depois não quero que você me culpe de ter feito o trabalho errado. Tudo foi feito como você me pediu. Ele voltou para você. Se seu relacionamento com ele for bom ou ruim, não temos nada a ver com isso, entendeu?

Aquelas palavras pareceram rudes a Matilde, e ela ficou furiosa.

— A senhora sabe de uma coisa? Eu nem deveria ter vindo aqui para agradecer, pois acho que está me dizendo isso só para tirar mais dinheiro de mim. Não acredito em nada do que acabei de ouvir e vou ser muito feliz com Humberto. Passar bem!

— Que Oxalá a escute, minha filha.

Matilde saiu da sala antes de ouvir o que mãe Francisca lhe desejou. Estava furiosa.

"Essa mulher é marmoteira. Onde já se viu, falar que posso sofrer com Humberto... O que ela quer é mais dinheiro, mas agora não importa. Nunca mais voltarei aqui. Já consegui o que queria e paguei muito caro por isso."

Com esses pensamentos, Matilde voltou para casa.

O sol já estava alto quando Humberto entrou na casa de Carlos, encontrando a família reunida na sala. Ao ver o amigo, Carlos brincou:

— Que bom que chegou. Estamos justamente falando mal de você.

— Mal de mim? Mas o que fiz de errado?

— Estamos combinando de sair hoje à noite. Como estou

de folga, quero levar mamãe e Ana para jantar fora, e nós estávamos justamente questionando se você iria ou não.

— Só aceitarei o convite se puder levar uma acompanhante.

— Por mim, tudo bem.

Ana sentiu-se triste, mas tinha que disfarçar. Olhou para Humberto e falou, em tom de brincadeira:

— E quem é a felizarda?

— Matilde!

Ana não disse mais nada. Em seu íntimo, queria dizer que amava Humberto e que não aceitaria sua união com Matilde, mas controlou-se. Humberto continuou:

— Decidi voltar com ela porque percebi que não sei viver sem seu amor. Vim aqui para comunicá-los que estou de mudança e quero agradecer do fundo do coração tudo que vocês fizeram por mim. Espero um dia poder retribuir todo o carinho e atenção que me deram.

Maria, com lágrimas nos olhos, foi abraçá-lo.

— Oh... Não fizemos nada de mais. Saiba que eu o tenho como filho e, se você precisar, estamos às ordens.

Humberto também abraçou Carlos, que, sem palavras, só lhe desejou boa sorte. Ana, por sua vez, deu-lhe um beijo no rosto, desejando-lhe felicidades, sem muito entusiasmo.

Humberto pegou suas roupas e, após combinar o jantar de logo mais, saiu. Ana, que ficou na sala até vê-lo ir embora, deu uma desculpa para a mãe e saiu rumo à casa de Amélia, que se tornara sua amiga e confidente. Lá chegando, a velha senhora a convidou para entrar e, ao vê-la triste, questionou:

— O que houve? Por que esses olhos marejados?

— Ah, Dona Amélia! Humberto foi embora.

— Foi embora? Mas para onde?

— Ele voltou para Matilde e mudou-se para o apartamento dela.

Ana caiu em prantos. Amélia fez-lhe um carinho e tentou confortá-la.

— Não fique assim. Eu já lhe disse que ele está sob influência de maus espíritos. Ela provavelmente fez trabalho para tê-lo de volta.

— E ela conseguiu: ele realmente voltou para ela. E o pior é que Carlos marcou um jantar em um restaurante para comemorarmos a volta dos dois.

— Acalme-se. Vou fazer um suco para nós. Tenho certeza de que você se sentirá melhor.

Amélia levou Ana para a cozinha e preparou suco para elas. Ao ver que a jovem estava mais calma, aconselhou:

— Não fique desse jeito. Veja as coisas por outro ângulo. Você se apaixonou por Humberto em um momento de carência, por ter sofrido a dor de uma traição. Ele, por sua vez, nunca demonstrou interesse por você. Além do mais, você sempre soube que ele estava ligado a relacionamentos não resolvidos.

— Eu sei. Talvez eu tenha sido uma tola, mesmo. Ele nunca me olhou diferente. Fui eu que fantasiei um romance que nunca existiu.

— Não diga isso. Não se agrida com palavras. Como eu estava dizendo, ele tem um relacionamento não resolvido. A vida agora está lhe cobrando por isso. Ele acha que ama Matilde, mas só o tempo lhe dirá se esse amor é verdadeiro ou não.

— Mas a senhora não disse que ele voltou para ela porque ela fez feitiço?

— Acho, mas não tenho certeza. Porém, mesmo que tenha sido assim, ela conseguiu porque ele se deixou influenciar.

— Não entendi. Explique-me melhor.

— Deus nos deu o livre-arbítrio. Se Humberto se deixou levar pela sugestão de espíritos maldosos, é porque no fundo ele acha que gosta realmente de Matilde, senão essas entidades não teriam conseguido seu intuito. Agora que eles estão juntos novamente, a vida é que vai dizer se eles devem ficar unidos ou não. Ou seja, se ele tiver que seguir outro caminho afetivo, seja com você, seja com qualquer outra mulher, ele vai seguir, e Matilde não poderá fazer nada para impedi-lo.

— Entendo. A senhora está com a razão: se ele tiver que ser meu, nada nem ninguém irá impedir.

— É isso mesmo. Se seu caminho for ao lado de Humberto, nada nem ninguém poderá se opor. Agora, quanto a você, siga em frente, permita-se olhar e ser olhada por outro homem. A vida é curta e é preciso viver, viver cada instante, com confiança em dias melhores. Agindo assim, você vai atrair coisas boas. A Inteligência Universal vai lhe oferecer todas as condições para você aprender a viver melhor e conquistar a felicidade. Agora enxugue essas lágrimas, vá para casa, escolha seu melhor vestido para esta noite e sinta-se bem e bonita. Assim você mostrará a si mesma e para o mundo que é uma mulher merecedora de ser feliz e amada. Quanto ao jantar, aproveite cada minuto, cada segundo, mesmo diante das circunstâncias do momento.

Ana sentiu-se mais animada. Após alguns minutos, levantou-se e deu um beijo no rosto de Amélia, agradecendo os conselhos. Em seguida voltou para sua casa.

Amélia, ao ver-se só, sentiu uma agradável sensação de bem-estar.

Elvira e Rui estavam na casa de Carlos. Ele tentava tirá-la do estado de apatia em que se encontrava desde o desencarne de Marcos.

— Anime-se. Não adianta ficar desse jeito.

— Caia fora, Rui! Deixe-me em paz.

— 'Tá bom. Vou embora, mas e daí? O que você vai fazer? Ficar o tempo todo aí chorando?

— Não me perturbe. Vá embora, já disse.

— Olhe, se você pensa que vou sair e deixá-la aqui ao deus-dará, está muito enganada.

— Mas quem lhe disse que vou ficar aqui? Após falar com o chefe, irei embora.

— Para onde você vai?

— Não sei. Vou procurar Marcos.

— Ah! E por acaso você sabe onde ele se encontra?

— Não. Não sei, mas descobrirei.

— Pense bem no que vai fazer. Marcos está com um grupo da pesada. Você mesma viu. Agora me escute. Estamos tendo uma nova vida onde não sabemos de nada nem em quem confiar. Estamos no meio de um tiroteio. Se correr, o bicho pega; se ficar, o bicho come. Veja: desde que desencarnamos, só arrumamos confusão. Os três grupos que conhecemos até agora são perigosos. Se seguirmos Sônia, seremos presos e não faremos mais nada; se continuarmos com Renato, estaremos nos metendo em mais encrenca; e, se você for atrás de Marcos, aí, sim, eu nem imagino o que eles serão capazes de fazer com você.

— Não me importo com mais nada.

— Tenho uma proposta. Se você a aceitar, tudo bem. Caso contrário, cada um segue seu caminho.

— E que proposta é essa?

— Você sabe que a organização irá aprontar com Fernando e que meu medo é que acabe sobrando para Carlos também. Então, você fica comigo até a vingança contra Fernando, o que eu acho que não vai demorar, e me ajuda a proteger Carlos. Depois, se você ainda quiser ir atrás de Marcos, eu vou com você. Assim estaremos ajudando um ao outro, sem contar com mais ninguém. O que acha?

— Tudo bem, mas, assim que resolvermos esse problema de Carlos, ajudaremos Marcos. Mesmo sabendo que ele está com outra, quero ajudá-lo. Mas não tente me passar para trás.

— Prometo que a ajudarei. Agora veja se melhora essa sua aparência, pois você está horrível.

Algumas horas depois, Rui e Elvira encontravam-se em frente ao chefe da organização.

— Eu os chamei aqui para parabenizá-los pelo bom trabalho que prestaram e quero saber se irão continuar conosco.

Rui, meio sem jeito, foi o primeiro a falar.

— Olhe, eu agradeço o que vocês fizeram por mim, mas não quero criar vínculos com ninguém. Não é por nada, não, mas é que gosto de estar livre para fazer o que bem entender.

— E você, Elvira, o que tem a me dizer?

— Faço das palavras de Rui as minhas.

— Tudo bem. Nós aqui não obrigamos ninguém a nada, a menos que estejam em dívida conosco, e vocês já pagaram o que nos deviam. Agora, posso saber o que pretendem fazer daqui por diante?

— Ainda não sabemos — respondeu Rui. — Por enquanto, decidimos continuar ao lado de Carlos.

Zé olhou-os de cima a baixo por alguns segundos, depois respondeu:

— Eu sei qual é a intenção dos dois. Façamos o seguinte: vocês ficam sob nossa proteção e, em troca, nos ajudam com a vingança contra Fernando. Assim, tentam tirar seu amigo da jogada, isso se for o caso, pois ele não nos interessa.

Os dois ficaram pensativos por alguns segundos. Rui ficou em dúvida se aceitaria ou não, embora soubesse que não teria muita escolha, pois, não aceitando, ficaria difícil ajudar Carlos. Sem a proteção da organização, provavelmente os membros dela se tornariam seus inimigos. Então, antes de responder, Rui resolveu fazer algumas perguntas ao chefe.

— Se não aceitarmos sua proposta, vocês irão nos impedir de ficar com Carlos?

— Impedir, não vamos. Apenas não deixaremos que vocês nos atrapalhem. Poderão ficar ao lado dele; só não poderão impedi-lo de fazer parte da vingança.

— E, se aceitarmos, teremos que ajudar a prejudicar Fernando e continuar obedecendo a ordens a todo instante?

— Não, pois nossa equipe responsável pela vingança contra Fernando é a melhor que temos. Se vocês aceitarem, poderão aprender muitas coisas de nosso mundo. Pedirei para Renato que os ensine a proceder em qualquer situação e vocês não terão que prejudicar ninguém, apenas nos deverão obediência e gratidão. Não poderão também, em hipótese alguma, comunicar-se com qualquer outro grupo que se aproxime de vocês, ou seja, farão parte somente de nossa organização. Em troca, daremos proteção e ensinaremos vocês a ajudarem Carlos.

Rui trocou olhares com Elvira, que, instintivamente, concordou com a nova situação. Rui, então, respondeu:

— Nós aceitamos, mas só até a vingança contra Fernando. Depois iremos para outros lugares. Mas prometo-lhe fidelidade.

— Concordo. Agora podem ir. Se precisarem de alguma coisa, chamem Renato.

Os dois saíram da sala. Logo em seguida, Zé chamou Renato:

— Esses dois malucos querem ajudar Carlos. Fiz um acordo com eles e você os ensinará a agir a favor de nosso plano. Nós lhes daremos proteção e em troca eles prometeram fidelidade. Não precisa mandá-los fazer nada. Deixe-os acharem que estão totalmente livres, mas fique de olhos bem abertos com eles. Fiz isso porque receio que eles possam se juntar aos cordeiros e, estando do nosso lado, não poderão nos atrapalhar. Portanto, faça com que se sintam à vontade.

— Sim, senhor. Deixe esses dois comigo. Garanto-lhe que eles não nos atrapalharão.

— Assim espero. Agora vá cuidar de seus afazeres.

Renato saiu rapidamente. Em seu íntimo ficou contente, pois estava gostando de trabalhar com os dois. Ele nunca havia se preocupado com ninguém. Fazia seu trabalho sem se importar com quem quer que fosse. Mas em seu coração endurecido começou a brotar um sentimento de amizade por Rui e Elvira. Ele não queria que nada de mau lhes acontecesse e até estava disposto a ajudá-los no que fosse necessário.

Rui e Elvira saíram da organização e foram para uma praça no centro da cidade. Era o final de uma tarde de sábado. As pessoas transitavam animadas, algumas querendo chegar logo em casa para descansar, outras animadas para aproveitar a noite que estava começando, pensando em namorar, fazer amigos, divertir-se.

Ao observar aquelas pessoas, Rui sentiu saudade de seu tempo de encarnado. Ele gostava das noites de sábado. Durante a semana, trabalhava e as noites eram mais exaustivas. Mas aos sábados ficava de folga e divertia-se fazendo bons programas. Costumava ir a teatros, cinemas e adorava namorar.

— No que está pensando, Rui? — perguntou Elvira.

— Eu estava me lembrando dos meus sábados à noite, quando era um encarnado.

— Saudade do tempo em que vivia na Terra? Eu também sinto. Parece que ainda não nos acostumamos com esta nova vida.

— É verdade. Por mais que eu saiba que estou vivo, não é a mesma coisa. Eu queria estar trabalhando, namorando, enfim... fazendo todas essas coisas que qualquer pessoa faz quando está encarnada. Mas, como não há volta, precisamos aceitar o que não podemos mudar. Fazer o quê? Encarnados ou não, a vida continua. Temos que nos habituar.

— Sabe o que não entendo? Como as coisas se processam neste novo mundo. Na Terra, minha visão era diferente. Eu achava que, quando as pessoas morriam e tinham merecimento, iam para um lugar que alguns chamam de paraíso, e eu sabia que para lá eu não iria, pois não tinha merecimento algum. Achava que ia para outro lugar que todo mundo chama de purgatório, mas nunca imaginei que continuasse presa à Terra.

— Eu nunca parei para pensar nisso. Você era de que religião?

— Eu nunca fui religiosa, como já lhe disse, mas às vezes ia a um terreiro de umbanda para tomar passes com os pretos velhos. Sempre gostei de conversar com eles, mas só ia a esses lugares quando precisava de ajuda. Nunca quis me aprofundar em nada que envolvesse religião. E você?

— Jamais freqüentei lugar algum. Só ia a igrejas católicas

quando era casamento de algum amigo ou missa de sétimo dia de parente. Minha religião sempre foi viver a vida, sem prejudicar ninguém. Eu achava que, se eu fizesse minha parte na sociedade, sem ofender ninguém e cuidando de minha vida, já estava de bom tamanho. Mas, se você freqüentava um terreiro, então você acreditava em espíritos, logo não foi surpresa para você se ver viva quando seu corpo morreu.

— Não é bem assim. Embora eu acreditasse em espíritos, nunca me preocupei em saber como o mundo espiritual funcionava.

— Entendi. Acho que ainda temos que aprender sobre a morte, ou melhor, sobre a vida após a morte.

Os dois ficaram ali conversando sem se preocupar com nada, pois se sentiam livres e sem obrigações.

Ana estava lindíssima. Arrumara-se com capricho para o jantar de logo mais. Quando Humberto chegou, olhando para Ana, sentiu que havia um brilho diferente nela, porém isso não significou nada para ele. Apresentou Matilde a seus amigos e seguiu com eles para o restaurante.

Lá chegando, foram todos conduzidos a uma mesa e escolheram o menu. A música ao vivo, executada por uma banda de MPB, estava ótima. Tudo naquele lugar era agradável. A conversa estava animada.

Matilde notou a beleza de Ana e ficou enciumada. Observando que a jovem conversava alegremente com Humberto, pensou:

"Tenho que afastar Humberto dessa mulherzinha. Ela gosta dele, vejo em seus olhos. Mas vou dar um jeito nela."

Embora ela percebesse o interesse de Ana por Humberto, tentou controlar o ciúme, pois havia acabado de voltar para ele e não queria provocar brigas. Procurou então dissimular.

Maria percebeu a mudança de Ana. Ela sabia que a filha alimentava interesse por Humberto, mas nunca lhe dissera nada. Estava esperando o momento certo para falar com ela.

Os dois amigos não paravam de conversar, até que Humberto, ao olhar para a porta de entrada do restaurante, viu duas moças entrarem. A fisionomia delas parecia-lhe familiar. Cutucou Carlos e comentou:

— Olhe aquelas duas moças que acabaram de entrar. Elas não me parecem estranhas.

Carlos olhou para a direção apontada e reconheceu-as.

— Você não se lembra? Aquela é Paulinha — esclareceu Carlos.

— Olhando melhor, estou me lembrando. É aquela ricaça que era a fim de você.

— É ela mesma. Mas, segundo informações, muitas coisas aconteceram com ela. Outra hora explico melhor, pois elas estão olhando para cá.

— Vá até lá cumprimentá-la.

— Será que devo?

— Mas é claro que deve!

Carlos pediu licença às três mulheres que os acompanhavam e foi em direção à mesa das duas amigas. Após breve abordagem, cumprimentou-as com beijos no rosto e foi convidado a sentar-se por alguns minutos.

— Há quanto tempo, Paulinha! Estive com Júnior um tempo atrás e ele me deu notícias suas. Disse-me que está sempre em contato com você.

— É verdade. Sempre que posso, vou à loja em que ele trabalha para comprar algumas peças de roupa. Além de ser uma loja boa e barata, ainda o ajudo, pois você sabe... ele ganha comissão.

— Fale-me um pouco sobre você. Isto é, se eu não for atrapalhar duas moças bonitas e sozinhas. Podem estar esperando seus namorados.

Paulinha riu graciosamente antes de responder.

— Não, você não está atrapalhando nada. Não estamos esperando nenhum namorado, só estamos apreciando uma bela noite de sábado em um bom restaurante, e, agora, bem acompanhadas.

Os três riram. Carlos ficou encabulado.

— Obrigado pela "boa companhia". Nesse caso, vocês poderiam juntar-se a nós. Estamos comemorando a união de Humberto e sua nova mulher. Você se lembra dele?

— Lembro-me, sim. Mas acho melhor ficarmos aqui mesmo — respondeu Paulinha.

— Ora, por que vocês não querem ir até nossa mesa? Estamos todos em família.

Foi Luísa quem respondeu:

— Nós sabemos disso, Carlos, mas acho que Humberto ainda não me reconheceu. Sou amiga de Joana, a mãe dos filhos dele. Conheço toda a história dos dois, e minha presença na mesa de vocês seria constrangedora para mim e para ele.

— Imagine, Luísa... Bobagem! Ele não iria se preocupar com sua presença em nossa mesa.

— Talvez não, mas não quero compartilhar desse momento dele e de Matilde. Seria uma traição à minha amiga Joana. Prefiro ficar aqui.

— Está certo. Entendo seu lado. Se eu estivesse em seu lugar, faria o mesmo.

Vendo a decepção de Carlos, Paulinha contemporizou:

— Vamos fazer assim: volte para junto dos seus; eu e Luísa ficamos aqui. Podemos marcar outro encontro, só nós três.

— Combinado. Que tal amanhã à tarde, um cineminha?

— Para mim está ótimo. E você, Luísa?

— Oh, amanhã não vai dar. Já tenho outro compromisso. Vão vocês dois. Em outra oportunidade, sairemos os três.

Disfarçadamente, Luísa deu uma piscada para Paulinha, que imediatamente entendeu o recado.

— Bem — considerou Carlos —, então eu a encontro às quatro na porta do cinema. Está bom para você?

— Ótimo. Para mim, é o horário perfeito.

Carlos deu um beijo em cada uma e voltou para sua mesa. Após a saída dele, Paulinha comentou, pensativa:

— Quem diria! Matilde finalmente conseguiu!

— Conseguiu fazer mais compromisso com a vida. Se ela soubesse o preço que irá pagar por seus caprichos... Mas não vou dizer nada a Joana.

— Concordo. Melhor Joana não ficar sabendo de nada, por enquanto. Deixemos que o tempo se encarregue de dar-lhe essa notícia na hora certa.

— Se bem que Joana já sabia que isso iria acontecer. Agora que está indo conosco às sessões espíritas, está se sentindo melhor.

— Joana já percebeu que não ama Humberto. Agora será fácil para ela aceitar qualquer coisa vinda dele. Além do mais, tenho quase certeza de que ela não ficará sozinha por muito tempo.

— Como assim?

— Ora, Luísa, você ainda não percebeu que Afonso está caidinho por ela?

— Afonso? Como não percebi nada? Sempre o achei reservado...

— Concordo que ele é bastante reservado, mas é homem. E outra... Joana tem seus encantos.

— É bom saber que Afonso está arrastando suas asas para ela. Assim fica mais fácil para eu bancar o cupido. Joana merece um homem que a ame de verdade. Afonso é o pretendente ideal para ela.

Ambas riram.

— E, por falar em pretendentes, pelo jeito você já arrumou um — gracejou Luísa.

— É. Carlos é um homem lindo. Já lhe falei a respeito dele. Sempre o amei, desde a época da escola. Porém naquele tempo eu era muito mimada e afastava todo mundo de mim.

— Mas agora você está mudada. Percebi que os olhos de Carlos brilharam quando a viu. E você sabe que tenho faro para essas coisas.

A refeição foi servida e as duas jantaram conversando animadamente. A noite passou rápido. Antes de irem embora, dirigiram-se à mesa de Carlos para se despedir. Após alguns minutos de conversa, foram embora.

Carlos e os seus aproveitaram um pouco mais a noite. Já era começo de madrugada quando saíram do restaurante, indo cada qual para seu lar.

O domingo estava lindo. Carlos acordou animadíssimo. Após o almoço, ele, Ana e Maria ficaram conversando na sala. Ana, vendo a felicidade do irmão, resolveu provocá-lo.

— Pelo visto, logo vamos ter um casamento na família, mamãe, e não vai ser o meu.

— Não me perturbe, Ana, com suas brincadeiras de mau gosto.

— Ora! Por que de mau gosto? A quem você quer enganar? Tanto eu quanto mamãe vimos o brilho dos seus olhos ao ver Paulinha. E essa animação toda? Não é porque seu time vai jogar e sim porque você vai ao cinema com ela.

Ana deu uma risada ao ver que conseguira deixar o irmão encabulado. Ele tentou disfarçar e respondeu:

— Não é nada do que vocês estão pensando. Gostei de ver Paulinha, sim, mas só por ela ter feito parte de minha adolescência, mais nada.

— Sei. Vamos fingir que estamos acreditando, não é, mamãe?

— Claro, filha. Se seu irmão diz que não quer nada com Paulinha, vamos tentar acreditar, afinal é ele quem está falando.

Maria deu uma piscada para Ana e ambas riram.

— Vocês não têm jeito, mesmo. Só pensam no que não devem.

Carlos deu-lhes um beijo e foi para o quarto arrumar-se para o encontro de logo mais. Vestiu sua melhor roupa e colocou seu melhor perfume. Ao voltar para a sala, encontrou as duas.

— Nossa, filho! Como você está bonito! Bem arrumado, com um perfume delicioso... Parabéns! Você está muito elegante.

— É, mamãe — comentou Ana. — Isso é só porque Paulinha fez parte de seu passado e ele não quer mais nada com ela. Imagine se ele quisesse... Como iria para esse encontro?

Ambas riram da expressão que ele fez.

— Vocês querem que eu confesse, não é? Está bem. Admito que estou interessado em Paulinha. Pronto! Agora não se fala mais nesse assunto.

— Viu, mamãe? Eu não falei que logo, logo, ele se casa e a senhora vira vovó?

— Deixe de ser exagerada! Só estou interessado, e nada mais.

— Por enquanto. Não adianta, maninho. Sinto cheiro de amor no ar. Dessa vez você foi fisgado.

— Ana, deixe seu irmão em paz. Vá, filho, senão você chegará atrasado, e não é bom o noivo deixar a noiva esperando na porta do cinema.

Maria mais uma vez brincou com Carlos. Ela sabia que ele era tímido, reservado. Não era dado a esse tipo de brincadeira. Após beijar a mãe e a irmã, ele saiu para seu encontro.

Chegou ao local na hora marcada. Quando Paulinha apareceu, compraram as entradas do cinema e dirigiram-se à sala de exibição. Após o término do filme, Carlos levou-a a uma sorveteria a dois quarteirões do cinema. Acomodaram-se em uma mesinha, e, após ser servido, Carlos indagou:

— O que você andou fazendo da vida nos últimos anos? Que você não se casou, isso eu já sei. Quero saber tudo sobre você.

— Você quer mesmo saber?

— Quero. Não sou curioso, mas saber o que você fez desde que nos afastamos me interessa muito.

— Está bem. Você se lembra de nossa adolescência? Na época, eu era uma menina mimada, ninguém gostava de mim, nem você. Hoje eu entendo por quê. Eu era frívola, insuportável, achava que a vida se resumia a roupas caras, jóias. Não me importava se gostavam de mim ou não. Valorizava o dinheiro, coisa que nunca me faltou, pois papai era fico e satisfazia todos os meus desejos. Terminei o colégio, entrei para a faculdade e estava fazendo curso de secretária, não por necessidade, mas para trabalhar com meu pai em seu escritório. Fiz o primeiro ano sem maiores problemas e estava indo bem no segundo, até que um dia, ao chegar da faculdade, avistei uma ambulância e carros da polícia em frente de casa. Corri para saber o que estava acontecendo. Havia pessoas aglomeradas na porta. Tentei entrar, mas os policiais não deixaram. Minutos depois, vi um corpo ser carregado em uma maca por alguns homens, coberto por um lençol branco cheio de marcas de sangue. Percebi que aquele corpo era de meu pai. Não pude suportar o desespero e desmaiei. Fui socorrida por alguns homens que estavam no local. Ao acordar, ainda meio tonta, vi minha mãe sendo medicada. Corri para abraçá-la, na ânsia de saber o que havia acontecido, mas ela estava em choque e não conseguiu dizer uma palavra. Foi uma vizinha que se aproximou de mim e disse:

— Paulinha, você tem que ser forte. Seu pai se matou com um tiro na boca.

— Ao ouvir aquelas palavras, me desesperei, gritei, xinguei, esperneei, mas não havia mais nada a fazer. Deram-me um calmante que me deixou dopada. Como eu não tinha parentes além de meus pais, precisei eu mesma cuidar das formalidades do enterro. No velório, poucas pessoas. Eu não tinha amigos. Desconhecidos compareceram ao velório por curiosidade e só estavam preocupados em bisbilhotar nossa vida. Queriam saber por que meu pai havia se suicidado. As pessoas não nos pouparam. Ouvi todo tipo de comentário, uns dizendo que meu pai havia se matado por estar falido, outros que meu pai havia surpreendido minha mãe com um amante e alguns chegaram a dizer que meu pai teria feito aquilo ao descobrir que eu estava grávida de um traficante. Quanta maldade!

Paulinha fez ligeira pausa e, vendo que Carlos a ouvia com atenção, continuou:

— Ao acabarem as formalidades do enterro, eu e minha mãe voltamos para casa. Nos primeiros dias não falamos com ninguém. Mandamos rezar a missa de sétimo dia. Ao final da missa, um homem se aproximou de mim dizendo ser o advogado de meu pai, pedindo-me para ir a seu escritório no dia seguinte para tratarmos de negócios. No dia combinado, fui até ele. Lá chegando, descobri qual fora o real motivo do suicídio de meu pai. Lembro-me como se fosse hoje. O advogado chegou para mim e disse:

— Senhorita Paula, desculpe abordá-la aqui, neste momento. Mas, como você é a única herdeira de seu pai, devo dizer-lhe que ele se matou porque faliu.

— Fiquei abismada. Sempre achei que os negócios de meu pai iam de vento em popa, mas, ao questionar isso com o advogado, ele me informou que meu pai era viciado em pôquer, apostou demais e perdeu tudo. Fiquei sem saber o que fazer, pois teríamos que vender todos os nossos bens para saldar as dívidas. Nem nossa linda casa era nossa, pois papai a hipotecara e, sem dinheiro para pagá-la, seríamos despejadas. Fiquei sem chão...

Paulinha fez breve pausa para enxugar uma lágrima que insistia em cair. Vendo-a triste, Carlos tentou confortá-la:

— Paula, se você não quiser falar desse assunto, tudo bem. Não quero vê-la triste.

— Não há problema. Agora estou bem. Além disso, quero que você saiba tudo que passei nesses anos.

Paula, após tomar um pouco de sorvete, prosseguiu com a narrativa:

— Ao sair do escritório, eu estava complemente descontrolada, não sabia o que fazer nem a quem pedir ajuda. Voltei para casa e me tranquei no quarto, tentando encontrar uma solução. Como não encontrei, decidi colocar minha mãe a par da situação. Ela, a princípio, ficou muito triste, mas não se deixou abater. Resolvemos então vender tudo logo, para ficarmos livres daquele pesadelo e começarmos uma vida nova. Assim foi feito. Entregamos a casa e vendemos outros imóveis para saldar nossas dívidas. Depois de tudo pago, só nos restaram algumas jóias, o suficiente para comprarmos uma casinha no subúrbio e garantirmos nossa subsistência até eu começar a trabalhar. Mudamos, e aquela vida de princesa foi deixada para trás. Do luxo eu fui ao lixo em dois minutos. As pessoas que achávamos ser nossos amigos nos viraram as costas quando mais precisamos. Foi aí que percebi quanto minha visão de vida estava errada. Vi-me sozinha com minha mãe, sem amigos, sem parentes, sem ninguém. Procurei um emprego de secretária, mas o máximo que consegui foi o de recepcionista. Mesmo assim, aceitei de bom coração. No entanto, o salário não daria para pagar a faculdade. Quando resolvi trancar a matrícula, um de meus professores ficou sabendo o motivo de minha desistência da faculdade. Ele me ajudou a conseguir uma bolsa de estudos e o tempo foi passando. Formei-me e agora não mais trabalho como recepcionista, mas como secretária particular do presidente da empresa. Nesse meio tempo, conheci o espiritismo, que me abriu os olhos, respondendo a todas as minhas dúvidas. Renovei meus valores, percebi os erros que cometi na vida e mudei radicalmente meu modo de pensar. Hoje, mamãe e eu vivemos muito bem com o que ganho e, na medida do possível, somos felizes, afinal de contas a vida continua e precisamos seguir em frente e não repetir os erros passados.

Encerrada a narrativa, Carlos comentou:

— O sofrimento nos ensina a viver melhor, mas vamos deixar as tristezas de lado. Você vivia na ilusão e os sofrimentos que passou a fizeram perceber os verdadeiros valores da vida. Você mudou e tornou-se uma mulher maravilhosa.

Carlos, emocionado, olhando nos olhos dela, procurou seus lábios e beijou-a apaixonadamente. Ela retribuiu, sentindo o coração bater mais forte. Depois Carlos sussurrou:

— Você quer me namorar?

Paula, não contendo a emoção, respondeu:

— Isso é o que eu sempre quis desde a primeira vez que o vi.

— Não diga mais nada. Beije-me.

E, com mais um beijo, selaram seu romance. Olhos nos olhos, mãos entrelaçadas, um beijo de vez em quando, os dois ficaram trocando carinhos o resto da tarde. Estavam felizes.

Era noite já, e Paula quebrou o clima romântico dizendo:

— Meu amor, já está tarde. É hora de ir para casa. Amanhã preciso acordar bem cedo para ir trabalhar.

— Está bem. Vou levá-la até o carro.

— Posso lhe levar em casa.

— Não precisa. Eu pego um ônibus.

— Ora, Carlos, não acredito que você seja desses homens que se sentem incomodados em aceitar carona de uma mulher.

— Não é isso.

Carlos tentou disfarçar, mas era verdade: sentia-se constrangido em aceitar carona feminina.

— Deixo você dirigir, assim não precisa se sentir mal.

— Está bem. Faço qualquer coisa para tê-la perto de mim por mais alguns minutos.

Os dois entraram no carro. No trajeto, Carlos falou sobre sua vida, sua profissão. Quando chegaram à porta de casa, conversaram mais um pouco e despediram-se com um beijo, combinando encontrar-se o mais breve possível.

Carlos entrou em casa animado. Vendo a irmã conversando com a mãe, aproximou-se perguntando:

— Sentiram minha falta? Não precisam mais chorar. Cheguei!

— Humm... — murmurou Ana. — Com esse ânimo todo, aposto que não queria chegar. Desculpe, mas não pude deixar de ficar olhando pela janela quando você chegou, e, sinceramente, até pensei em ir até o carro, mas não quis atrapalhar o idílio.

Os três riram.

— Que coisa feia! Ficar espiando a vida alheia pela janela?

— Eu não estava espiando. Como eu disse, ouvi um carro parar em frente de casa e resolvi olhar para ver quem era.

— Bela desculpa. Vou fingir que acredito.

— Mamãe e eu estamos querendo saber quando será o casamento.

— Que casamento? Começamos a namorar agora e você já quer me casar? Está querendo se ver livre de mim?

— Não é minha intenção. A propósito, se eu fosse você, iria limpar os lábios, pois estão com marcas de batom.

Carlos pegou uma almofada que estava em cima do sofá e jogou-a em cima de Ana. Depois foi para o banheiro. Maria comentou:

— Vocês dois não têm jeito, mesmo.

— Ora, mamãe, a senhora vai me dizer que não está contente com o namoro dele?

— Estou, e muito. Acho que já está na hora de Carlos se casar e construir uma família. Ele nunca foi de namorar a sério. Se essa moça o fizer feliz, estarei feliz também.

— Ela me pareceu ser uma boa moça. Bonita, elegante e inteligente. É desse tipo de mulher que Carlos precisa para se casar.

— Tomara que o romance dos dois dê certo. Mas, já que estamos falando de romances e casamentos, não é Carlos que me preocupa. Ele é homem, sabe se virar. Minha preocupação é você, filha.

— Eu? Por quê?

— Sou sua mãe, conheço-a profundamente. Você acha que não percebi sua decepção ao saber que Humberto decidiu voltar para Matilde?

— Bom, mãe, a senhora sabe que eu gosto dele.

— Sei, mas tire Humberto de seus pensamentos. Ele está construindo uma nova família, portanto esqueça-o. Você é nova e bonita, tem que arrumar um homem que seja livre.

— A senhora tem razão, mas é difícil esquecer Humberto. Este sentimento é mais forte do que eu.

As duas pararam com a conversa ao ouvir Carlos se aproximar, e os três voltaram a falar sobre o namoro dele com Paula. Sentiam que estavam começando uma nova fase de suas vidas naquele dia.

capítulo 11

Certa noite, três meses depois dos últimos acontecimentos, Humberto estacionou o carro na garagem do prédio e olhou para o relógio. Já era tarde e ele estava inquieto.

Esperou ansiosamente a chegada do elevador, sentindo-se mais aliviado quando apertou o botão do andar desejado. Tivera vários imprevistos no escritório e o trânsito, apesar da hora avançada, estava congestionado, praticamente parado, pois havia chovido muito e algumas ruas da cidade estavam inundadas.

Ao entrar em casa, encontrou Matilde muito irritada:

— Isto são horas? Quem é a sirigaita com quem está saindo?

— Boa noite. Não sei por que essa histeria. Eu me atrasei por causa do engarrafamento. A cidade está parada.

— Isso é desculpa. Não me venha com essa cara de bobo, achando que vai me enganar. Eu não sou a idiota da Joana, não. Com quem você saiu? Por acaso foi com a irmã do seu amiguinho? Aquela sirigaita vai se ver comigo. Se ela pensa que isso vai ficar assim, não vai, não.

— Pare com isso, Matilde! De onde tirou essas idéias? Ana gosta de mim como um irmão. Você está vendo o que não existe, parece que está louca.

— Além de estar me traindo, ainda me chama de louca?

Matilde estava descontrolada, não falava coisa com coisa. Nos últimos tempos havia cismado que Humberto a estava traindo com Ana. O rosto dela não lhe saía da cabeça. Chegava a imaginar os dois juntos, trocando carinhos, e consumia-se de ciúme.

Ele tentava se controlar, respeitando o estado de Matilde, cuja gestação passava dos sete meses. Qualquer nervoso poderia prejudicar a saúde dela e do bebê.

— Olhe, Matilde. Deixe de ser insegura. Todo dia é a mesma história... Se chego um pouco fora do horário, é porque estou com outra; se chego cedo, é porque passei o dia inteiro com uma amante. Desse jeito não dá.

— E não é verdade? Você está fazendo comigo o mesmo que fez com Joana. Mas eu não sou ela, não. Está me ouvindo? Se pegar você com outra, mato os dois!

— Chega, Matilde. Chega!

Humberto gritou. Tentou controlar-se o máximo que pôde, mas não se conteve. Matilde não respondeu. Sentou-se no chão encostando-se na parece e começou a chorar.

Humberto saiu e foi tomar um banho para tentar esfriar a cabeça e refazer as energias. Ao voltar à sala, encontrou Matilde do mesmo jeito, chorando.

— Levante-se. Esse chão está frio e fará mal a você. Pare com isso. Não tenho ninguém além de você. Coloque isso na sua cabeça.

Matilde levantou-se calada e sentou-se no sofá. Humberto, tentando evitar brigas, também não disse nada.

Ele pegou uma revista e sentou-se para folheá-la, mas seu pensamento ia longe:

"O que faço agora? Matilde está cada dia mais descontrolada. Não estou agüentando. Se não fosse esse filho, nem sei o que eu faria."

Lembrou-se de Joana, de como ela era carinhosa, uma companheira que nunca questionara nada. Antes de Matilde aparecer, confiava plenamente nele, deixava-o livre, nunca lhe perguntando o motivo de seus atrasos. Ao lado dela a vida era tranqüila. Sentiu saudade, mas era tarde.

E o pior era que, por causa dos recentes ataques de ciúme, perdera todo interesse por Matilde. Sentia-se infeliz e insatisfeito. Mas havia feito essa escolha, e o jeito era arcar com as conseqüências e ficar ao lado de Matilde pelo menos até a criança nascer. Depois resolveria o que fazer.

Olhou para o relógio de parede na sala e viu que passava da meia-noite. Aproximou-se de Matilde, que parecia estar totalmente alienada, e, com carinho, conduziu-a até a cama. Após vê-la deitada e coberta, deitou-se também, mas foi muito difícil conciliar o sono.

O despertador tocou. Estava uma manhã fria e chuvosa, dessas em que não dá vontade de levantar. Humberto ensaiou ficar mais um pouco na cama, mas o adiantado da hora não lhe permitia. Levantou-se e, após se arrumar, foi tomar o desjejum, encontrando Matilde sentada à mesa, comendo uma torrada. Perguntou:

— Você não tem que ir ao médico fazer o exame de ultrasonografia? Arrume-se, que eu a levo até a clínica.

— Eu não vou. Não quero saber o sexo do nosso filho.

— Como assim, não vai? O médico já lhe explicou que esse exame não é só para saber o sexo do bebê. Ele serve mesmo é para saber se a criança está tendo uma boa formação, se não há nenhum problema com ela.

— Nosso filho está ótimo. Não preciso fazer esse exame para saber disso. Além do mais, estou indisposta.

Ele respirou fundo. Para não brigar, decidiu não tocar mais no assunto.

— Está bem. Então vou trabalhar.

Humberto deixou Matilde e foi para o escritório. Havia muita coisa a ser feita e ele entregou-se ao trabalho com vontade. Só parou um pouco quando a secretária anunciou a visita de Carlos.

Ficou surpreso, pois fazia meses que não via o amigo. Após abraçá-lo, Carlos brincou:

— Já que Maomé não vai à montanha, a montanha vai a Maomé.

— Verdade. Mas ainda não fui visitá-los por falta de tempo, não de vontade.

— Eu sei. Só estou brincando. Mas vim aqui lhe fazer um convite, que você não poderá recusar.

— Então não é um convite, é uma intimação! — respondeu Humberto sorrindo.

— Pode ser. Você está intimado a comparecer em minha casa no próximo dia 26, ou seja, daqui a um mês, na comemoração de meu noivado com Paulinha.

— Não acredito! Vocês nem começaram a namorar e já vão noivar? Que rapidez!

— Nem tanto. Já faz quase quatro meses que estamos namorando, e você sabe muito bem que este namoro está atrasado há mais de dez anos.

— Você está certo quanto a recuperar o tempo perdido. Fico feliz, pois vocês formam um belo casal. Faço questão absoluta de comparecer a seu noivado, afinal não é todo dia que meu melhor amigo fica noivo.

— Assim espero. Mas, mudando de assunto... O que está acontecendo com você? Suas olheiras denunciam uma noite mal dormida.

— É Matilde, rapaz. Colocou na cabeça que tenho outras mulheres. Se chego em casa dois minutos atrasado, lá vem ela com insinuações. Está difícil aturar seu ciúme doentio. Brigamos todos os dias pelo mesmo motivo. E mais: ela não quer se cuidar. Hoje mesmo era para ela ir a um médico, fazer ultrasonografia, que todos nós sabemos ser um dos mais importantes exames da gravidez, e ela não quis ir. Diz que esse exame não é necessário. E o pior: há dois meses não vejo meus filhos, porque, se falo que vou vê-los, ela vira um bicho, dizendo que vou sair é com Joana e que ver meus filhos é só um pretexto para isso. Tento me controlar por causa de sua gravidez e acabo cedendo, pois tenho medo de que aconteça alguma coisa com ela ou com o bebê.

Carlos ouvia a narrativa do amigo atentamente e, quando ele terminou, comentou:

— Dizem que, quando a mulher está grávida, fica assim mesmo. No seu caso, ainda há uma agravante: Matilde tem medo de que você faça com ela o mesmo que fez com Joana, e isso a deixa mais insegura ainda. Minha mãe sempre diz que ninguém consegue ser feliz causando a infelicidade dos outros.

— Dona Maria tem razão. Às vezes me arrependo do que fiz com Joana. Estou pagando muito caro por isso. Mas desta vez quero fazer tudo certo. Vou esperar essa criança nascer, depois, se Matilde não mudar, vou me separar, mas, dessa vez, para morar sozinho.

— Faça o que achar melhor. Sabe que, se precisar de ajuda, estarei à sua disposição. Mas agora preciso ir. Se desejar conversar, trocar idéias, procure-me.

Os dois se despediram. Humberto ficou pensativo durante alguns instantes, depois retomou as atividades.

A noite ia alta e tudo estava calmo. Carlos e Fernando, sentados na viatura, esperavam os acontecimentos. Rui e Elvira estavam sentados no carro ao lado deles. Agora ambos sentiam-se mais seguros, porque Renato os ensinara algumas coisas sobre a vida no plano astral.

Eles haviam aprendido a envolver uma pessoa encarnada, ler seus pensamentos e influenciá-la a fazer o que eles queriam.

A convivência com Renato os fez perceber que ele não era de todo ruim e, até certo ponto, era um idealista. Achava que estava agindo certo, ajudando pessoas, e não adiantava dizer-lhe o contrário. Assim, os três estavam se tornando amigos.

Nem Elvira nem Rui gostavam quando Pablo se aproximava. Eles notavam que ele sentia prazer em prejudicar as pessoas, em fazer os trabalhos mais sujos da organização.

A certa altura, Elvira perguntou:

— Rui, você não está achando estranho Renato ainda não ter chegado?

— Acho. Ele tem ficado sempre ao lado de Fernando e não deixa isso por nada.

— Será que a vingança contra Fernando será hoje?

— Não sei. Renato não falou nada. Mas, em todo caso, vamos ficar atentos.

De repente, o rádio do carro anunciou:

— *Atenção todas as unidades. Assalto à mão armada na Avenida Castilho, número 3-A.*

Ao ouvirem o chamado, ambos pararam a conversa. Os dois policiais se encaminharam rapidamente ao local, chegando a tempo de capturar dois criminosos que estavam fazendo parte do assalto. Após dar-lhes voz de prisão, Fernando algemou-os e começou a espancá-los.

Carlos, depois de colher depoimento dos donos da casa, saiu à procura de mais três indivíduos que participaram do assalto e tinham fugido pelos fundos da casa ao ouvirem a sirene da polícia. Após breve busca pela redondeza, voltou, sem os encontrar.

Ao ver Carlos retornar sozinho, Fernando voltou a bater nos dois marginais, na tentativa de descobrir o nome e o paradeiro dos outros membros do grupo. Tudo em vão. Quanto mais os dois apanhavam, menos respostas ele obtinha.

Carlos percebeu que aquele método não estava funcionando e pediu a Fernando para parar, no que não foi atendido de pronto. O que eles não podiam perceber é que os outros três assaltantes estavam olhando toda a cena de uma casa ao lado, que se encontrava desocupada. Ao verem o policial espancar seus companheiros, um deles virou-se para os outros e disse:

— Gravem bem a cara desses policiais, principalmente aquele que está batendo em nossos manos. Vamos falar com os outros da gangue e armar uma emboscada para esses tiras. Eles vão aprender a nunca mais serem folgados. Vamos ver como eles se saem sem uma arma nas mãos.

Os três continuaram na casa olhando tudo, sem poderem sair. Rui e Elvira também presenciaram toda a situação. Foi então que viram Renato aparecer, rindo:

— Sentiram minha falta?

— Agora entendo o porquê de sua ausência. Foi você quem armou essa situação — respondeu Rui.

— Você sabe que gosto de você justamente por isso, garoto esperto...

— Ora, Renato, não me venha com suas gracinhas. Então é esse o começo do fim de Fernando?

— Bingo!

Ouvindo o diálogo dos dois, Elvira encaixou as peças do quebra-cabeças que se formava em sua mente. Resolveu não questionar.

— Renato — tornou Rui, preocupado —, vocês prometeram que iriam nos deixar ajudar Carlos a não se prejudicar com essa história.

— Prometemos e vamos cumprir. Você já está cansado de saber que Carlos não nos interessa. Farei assim: um dia antes da vingança, avisarei os dois, aí vocês tentam fazer com que Carlos não vá trabalhar no dia "D". Vocês já têm capacidade para isso. É o que podemos fazer.

— Promete mesmo avisar?

— Prometo. Mas, se vocês falharem, não poderei fazer nada. Agora chega de papo furado e vamos acompanhá-los até a delegacia.

Após os procedimentos de rotina, os dois policiais voltaram às ruas. Ao ver-se só com Fernando, Carlos não se conteve e começou a discutir:

— Esta é a última vez que vou lhe avisar para maneirar. Na próxima, eu o denuncio aos nossos superiores.

— Ora, Carlos... Qual é, meu? Você vai ter coragem de fazer isso comigo?

— Experimente mais uma vez e verá.

Ao sentir que Carlos não estava para brincadeiras, Fernando achou melhor contemporizar, pois não podia ser denunciado. Seria arriscado demais. Respondeu calmamente:

— Escute... Veja se você me entende... Não sei o que me acontece quando pego esses marginais. Saio de mim e perco as estribeiras. Mas prometo que vou me controlar daqui por diante. Dê uma chance, cara.

— Está certo. Se você melhorar, esqueço tudo que você já fez.

Elvira, ao ouvir a conversa, comentou com seus companheiros:

— Gosto de Carlos, acho que ele é gente boa. Mas, se ele fizesse a denúncia logo de uma vez, Fernando seria afastado e tudo estaria resolvido. Carlos não teria mais problemas. Acho que ele está sendo negligente deixando Fernando agir assim.

Quem respondeu foi Renato:

— Você está certa, mas essa tolerância de Carlos é justamente o que queremos. Fernando é vingativo. Se Carlos o denunciar, ele arrumará um jeito de prejudicá-lo, portanto é nosso interesse que Carlos não faça nada, entenderam?

Os dois fizeram um sinal positivo. O resto da noite foi tranqüilo.

Na manhã seguinte, Carlos chegou em casa animado. Havia tirado o dia de folga para cuidar de algumas encomendas para sua namorada.

Maria, ao vê-lo chegar com expressão alegre, brincou:

— Isso é que é o amor. Quanta felicidade!

— Estou realmente feliz, mamãe. A propósito, estamos próximos do aniversário de Dona Amélia. Será que ela vai precisar de ajuda?

— Acho que não, mas combinei com ela que no domingo estarei logo cedo em sua casa para ajudá-la com o almoço.

— Se ela precisar de alguma ajuda, a senhora me avise.

Faço questão de ajudá-la no que for necessário, pois não perderei esse aniversário por nada.

— Disso eu sei. Sua namorada e todos os amigos dela do centro espírita estarão lá.

— Sabe, mãe. Às vezes fico pensando... Como este mundo é pequeno! A senhora vê? Conhecemos Dona Amélia, que trabalha em um centro espírita e de lá conhece Paulinha e Luísa, que são amigas de Joana, ex-mulher de Humberto, que nos conhece. A maioria das pessoas que está à nossa volta é espírita. Parece que a vida está nos levando para essa crença.

— Já pensei nisso. Até Ana começou a freqüentar esse centro, e temos que admitir que isso está fazendo um bem enorme para ela.

— Paulinha me contou que Joana também está indo lá e que até já esqueceu Humberto. Segundo ela, Joana está de namoro com o dirigente do centro, um tal de Afonso. Qualquer dia desses pretendo ir a esse lugar para saber o que há lá de tão bom.

— Também estou curiosa. Já combinei de ir com Ana. Mas, mudando de assunto, Humberto está sabendo desse namoro de Joana?

— Acho que não. Mas estou preocupado com o dia do meu noivado, porque Paula convidou Afonso, que logicamente virá com Joana, e eu convidei Humberto, que virá com Matilde.

— Ora, qual é o problema? Eles são adultos. Cada um está cuidando de sua vida. Não há nada de mais nesse encontro. Uma hora isso terá que acontecer.

— Eu sei. E, pelo que conheço de Joana e Humberto, eles pensam da mesma forma que nós. Minha preocupação é com Matilde, que tem ciúme até de sua sombra.

— Bem, não vamos nos preocupar com esses problemas. Os convidados são todos nossos amigos. Se Matilde tem ciúme de Humberto, não temos nada com isso. Fizemos nossa parte em convidá-la; caberá a ela respeitar nossa casa e não arrumar confusão. Tenho certeza de que ela fará isso e não haverá nenhum problema em seu noivado.

— Deus a ouça. Agora vou descansar um pouco.

Carlos saiu e Maria continuou cuidando dos afazeres.

Ela estava contente com o noivado do filho. Paulinha era uma moça honesta, trabalhadora. Aquilo era tudo que Maria queria para Carlos: um bom casamento, em que ele fosse feliz. Tudo estava bem naquele lar.

Maria, porém, preocupava-se com Ana, que estava apaixonada por um homem comprometido e que amava sua companheira. Isso a entristecia muito. Quando pensava nisso, rezava pedindo a Deus que colocasse um homem bom no caminho da filha. Assim, pensando na felicidade dos filhos, ela passou o dia.

Já era noite quando Renato chegou à casa de Carlos. Rui e Elvira se espantaram, pois ele não tinha o hábito de ir a algum lugar sem que fosse preciso, ainda mais em noites em que ele estava de folga.

Renato percebeu o que eles estavam pensando e disse:

— Não sei por que tanto espanto. Vim aqui para cumprir o que lhes prometi.

— Então você já tem a data da vingança? — perguntou Rui, ansioso.

— Bom, depois de eu ter muito trabalho com aquela gangue, querendo saber o que planejavam fazer e quando seria, eles marcaram o dia para agir, é claro que influenciados por mim. Agora prestem muita atenção…

Renato passou aos dois todas as informações necessárias, explicando-lhes minuciosamente o que iria acontecer. Quando terminou de falar, Rui e Elvira estavam em pânico. Depois de recomendar muita atenção, Renato foi embora.

— Elvira, não temos muito tempo. Você ouviu o que Renato disse. Temos que agir rapidamente.

— Eu sei, mas vamos manter a calma. Precisamos pensar em uma estratégia, mas de cabeça fria. Vamos dar uma volta, para pensar melhor.

Rui concordou e os dois saíram rumo a uma pracinha à qual ambos estavam acostumados a ir para pensar em seus problemas. Lá chegando, após breve momento de meditação, Elvira disse:

— Vamos estudar nossa situação. Em primeiro lugar, estamos praticamente sozinhos. Com a organização não podemos contar, pois o chefe já foi bem claro que esse é um trabalho nosso. Não podemos pedir ajuda a ninguém, portanto só nos resta usar nossas armas. Vamos fazer assim... Um dia antes da vingança contra Fernando, quando Carlos dormir, você aparecerá para ele, recomendando cuidado. Quando ele acordar, será minha vez de agir. Vou fazê-lo passar mal o dia inteiro.

— O plano é bom, mas, e se não funcionar?

— Se não funcionar, partiremos para o plano "B", e, se esse não der certo, para o plano "C".

— Então me diga qual é o plano "B" e qual o "C".

Elvira colocou-o a par do que estava pensando. Rui ouviu atentamente e gostou das estratégias apresentadas. No final, perguntou:

— Mas, e se esses planos não derem certo?

— Se nada der certo, ficaremos ao lado de Carlos e, na hora da emboscada, conforme a situação, veremos o que será possível fazer.

— Tentaremos até o impossível. Não se esqueça de que Renato e boa parte da organização estarão lá também. Se tentarmos alguma coisa e não der certo, estaremos nos matando de novo.

— Deixe de ser pessimista. Você vai ver: iremos afastar Carlos dessa história já no plano "A".

— Tomara, Elvira, tomara!

Os dois continuaram conversando por um bom tempo, tentando concentrar as energias no caso de Carlos.

A semana seguiu tranqüila. No domingo, a família de Carlos estava toda reunida na casa de Amélia, juntamente com outros convidados, que, em sua maioria, eram freqüentadores do centro espírita e muito interessados em espiritualidade.

Carlos estava contente ao lado de Paulinha, a mulher de sua vida. Maria e Ana estavam ajudando Amélia a servir os convidados. Joana, com seus dois filhos, e Afonso também estavam na festa, ao lado de Luísa e de algumas senhoras amigas de Amélia.

O dia estava lindo e os raios solares entravam pelas janelas daquele lar como um presente para a aniversariante, oferecendo-lhe sua luz.

Carlos, ao lado de Paulinha, foi cumprimentar Joana, que o apresentou a Afonso. Os dois casais começaram a conversar animadamente.

Em dado momento, Afonso dirigiu-se a Paulinha:

— Eu e Joana estamos pensando em nos casar assim que sair a papelada do divórcio. Pensei em convidá-los para serem meus padrinhos de casamento. O que acha, Carlos?

— Será um prazer! Conheço Joana há bastante tempo e a tenho como uma amiga. Fico feliz por vocês dois e aceito de coração.

— Nós é que ficamos agradecidos, não é, Joana?

Ela sorriu e respondeu:

— Ficaremos felizes em tê-los como padrinhos.

Os quatro continuaram conversando sobre vários assuntos. Paulinha, em determinado momento, olhando Afonso nos olhos como que pedindo apoio, disse:

— Carlos ficou de fazer uma visita aos nossos trabalhos espirituais.

— Fico contente e espero vê-lo qualquer dia destes em nossas reuniões, afinal sua futura esposa trabalha lá conosco e sua irmã, sempre que pode, freqüenta nossas reuniões. Como pode ver, só falta você.

— É verdade. Inclusive andei comentando isso com minha mãe. Tenho a impressão de que, nos últimos tempos, tudo que nos acontece parece nos empurrar para esse caminho.

— Parece, não, meu amigo: está! A Inteligência Divina sabe o que é melhor para nós e, quando percebe que estamos maduros para entender mais sobre a espiritualidade, faz tudo para nos mostrar o que precisamos aprender. Você não está cercado de amigos espíritas por mera coincidência.

Joana interveio:

— É verdade. Veja meu caso, Carlos. Quando passei pela dor da separação, o mundo parecia ter acabado para mim. Perdi o prazer de viver. Nada mais tinha graça. Amigos começaram a me falar sobre a espiritualidade e me levaram ao centro, onde encontrei consolo. Estudando o espiritismo, aprendi os verdadeiros valores da vida, libertei-me de velhos conceitos e atitudes que só me traziam infelicidade. Descobri que posso ser feliz, mas que preciso aprender a conquistar a felicidade. A vida trabalha pelo melhor. Meu casamento não ia bem. Eu não estava feliz, meu marido também não. A separação foi inevitável. Renovando meus valores à luz da espiritualidade, mudei minha maneira de ver. Procurei olhar a vida de forma mais otimista, e aos poucos tudo mudou para melhor. Afonso apareceu em minha vida e estou feliz. A separação, que eu julgava um mal, foi a maneira que a vida encontrou para me conduzir à felicidade.

— Você quer dizer que o mal, nesse caso, não existe?

— O que quero dizer é que o mal vem sempre acompanhado do bem. São duas faces de uma mesma moeda. O que hoje lhe parece ser um mal, amanhã você perceberá que foi um bem, que você precisou passar por esse mal para entender melhor a vida e se tornar melhor, portanto o mal se revela um bem disfarçado.

Carlos fez uma expressão de dúvida. Afonso percebeu e disse:

— Pense em tudo que Joana lhe disse. Depois, quando quiser conversar a respeito, procure-me. Terei todo o prazer em conversar sobre a espiritualidade e suas leis.

— Carlos, fique lisonjeado com esse convite, pois vindo de

Afonso, que está sempre ocupado, é uma honra para qualquer um — brincou Paulinha.

O tempo foi passando agradavelmente. Amélia estava feliz por passar seu aniversário com amigos tão importantes para ela. Pouco a pouco, os convidados foram se retirando.

Quando todos se foram, Amélia, ao ver-se só, fez sentida prece, agradecendo a Deus por ter passado o dia de seu aniversário com saúde e com as pessoas que amava.

A semana foi agitada para Carlos e Paulinha. Faltavam poucos dias para o noivado e ambos estavam cuidando dos preparativos, tomando as providências necessárias para que tudo saísse como eles queriam.

Rui e Elvira também estavam agitados, assim como toda a organização. Aproximava-se o dia da vingança contra Fernando.

Só na casa de Humberto e Matilde as coisas continuavam na mesma. Cada vez mais ela estava com ciúmes do marido, que por sua vez estava a cada dia encontrando mais dificuldade em manter a calma.

Humberto desejava ir ao noivado de Carlos, mas temia a reação de Matilde. Ensaiou várias vezes falar com ela sobre o convite, esperando o melhor momento para fazê-lo. Ele estava disposto a ir, mesmo que Matilde se opusesse. Ela achava que havia algo entre ele e Ana.

Naquela noite, ele chegou em casa no horário habitual. Encontrou Matilde animada. Ela havia feito um jantar especial, parecia bem-disposta e com vontade de agradar o marido.

Ele achou que era uma boa oportunidade para entrar no assunto do noivado de Carlos. Após a refeição, fez sinceros elogios a Matilde pelo delicioso jantar.

Dirigiram-se à sala. No sofá, com Matilde deitada em seu colo, Humberto, acariciando seus cabelos, comentou:

— Há alguns dias, Carlos foi ao escritório convidar-nos para seu noivado, que será realizado na próxima semana.

Matilde levantou-se e, olhando para ele, respondeu:

— E você, naturalmente, agradeceu e arrumou uma desculpa para não irmos.

— Não, meu amor. Sei que você não gosta de Ana, mas Carlos é para mim mais que um amigo, é um irmão, e não tive como dizer que não iria compartilhar de sua felicidade. Eu disse que estaremos em sua casa no horário marcado.

Matilde contraiu a fisionomia e transtornada gritou:

— Você quer ir ao noivado, mas não é por causa de Carlos e sim para ficar com aquela... aquela sirigaita da Ana, não é? Seja sincero. Fale logo, assim fica mais fácil. Senão, você vai ligar para Carlos e vai dizer que não estou bem de saúde e que não iremos. Mandaremos um presente aos noivos e pronto!

Humberto, ao ver o ataque de histeria de Matilde, não se melindrou. Embora ela fosse sua mulher, não era sua dona. Disse resoluto:

— Vou ao noivado de Carlos, sim, quer você queira, quer não. Se não quiser ir, por mim tudo bem, mas esteja certa de que eu irei.

— Ah! É isso o que você quer: ir sozinho... Assim, quando todos estiverem distraídos, você vai comemorar o noivado de Carlos na cama, com a irmã dele!

— Deixe de loucuras, Matilde! Isso já é demais. Você não deve estar bem da cabeça. Estou cansado de suas paranóias. Ou você procura um psicólogo e se trata, pois seu ciúme a está deixando louca, ou eu vou embora. Juro que, se você não procurar a ajuda de um psicólogo, eu me separo de você. Cansei!

Humberto, após essas palavras, afastou Matilde, levantou-se e saiu do apartamento, deixando-a colérica.

Na rua, ele começou a caminhar sem destino. Quanto tempo passou andando? Não saberia dizer. Só voltou para casa quando se sentiu mais calmo.

Ao entrar no apartamento, viu copos e pratos quebrados e roupas rasgadas espalhados por todos os lugares. Parecia que um furacão havia passado por lá. Sem mexer em nada, foi ao quarto verificar se Matilde estava bem. Por alguns segundos ficou com medo de que ela tivesse feito alguma besteira. Ao vê-la bem e dormindo, tranqüilizou-se.

Voltou à sala e tentou arrumar a bagunça. Em seguida, deitou-se em um sofá. Não conseguiu dormir, pois estava com seus pensamentos em conflito.

Não estava feliz naquela relação. Teve ímpetos de largar Matilde e ir cuidar de sua vida sozinho, mas ao mesmo tempo estava sentindo pena dela. Se ele a deixasse, seu medo era de que ela fizesse alguma loucura consigo mesma ou com o bebê.

Apesar de sua dúvida com relação à legitimidade do filho, já havia se acostumado com a idéia de ser pai novamente. Fosse dele ou não, assumiria a criança, pois já sentia responsabilidade por ela.

O dia mal amanhecera e Humberto já estava de pé. Matilde, ao se levantar, encontrou o marido na cozinha e agiu como se nada tivesse acontecido.

— Bom dia, meu amor.

— Bom dia, Matilde. Já fiz o café. Agora tenho que ir para o escritório. Se precisar de alguma coisa, ligue e deixe recado com Clara.

Humberto saiu sem ao menos lhe dar um beijo. Matilde cuidou do lar como sempre fazia, sem se importar com o que estava acontecendo em seu casamento, pois sabia que Humberto não a deixaria nesse momento de suas vidas.

capítulo 12

O sábado chegou trazendo alegria aos noivos, animados com os preparativos para a festa.

Na casa de Carlos, todos se mantinham ocupados. Maria e Amélia estavam na cozinha fazendo salgadinhos, Paulinha e sua mãe enfeitavam a casa e Carlos ajudava nos serviços mais pesados, ora sendo chamado para auxiliar na cozinha, ora para ajudar na colocação dos enfeites.

Ana, também entusiasmada com o noivado do irmão, colaborava enrolando docinhos e brincando com Carlos quando este aparecia para "roubar" os brigadeiros.

A alegria era geral. No final da tarde, ao verem que tudo estava pronto, Paulinha e sua mãe foram para casa a fim de arrumar-se. Para elas, era a grande noite de suas vidas. Paulinha estava feliz como nunca e sua mãe também.

Também na casa de Carlos, todos foram se arrumar para a festa de logo mais.

Anoiteceu. A casa estava linda. As flores espalhadas em vasos pela sala pareciam brindar aos noivos com seu perfume.

Carlos andava de um lado para o outro, impaciente, esperando Paula, que não tardou a chegar com a mãe. Ela estava lindíssima, com os cabelos delicadamente amarrados com um laço enfeitado, trajando bonito vestido champanhe colado ao corpo, exibindo elegância e sensualidade.

Vendo-a tão linda, Carlos não se conteve e beijou-a carinhosamente.

Todos estavam felizes. Os convidados foram chegando. Rui e Elvira não ficaram para assistir à festa, pois receavam encontrar os mentores espirituais de alguns convidados.

Afonso e Joana já se encontravam na festa. Luísa estava com um pretendente. Maria e Amélia preocupavam-se em servir os convidados. Havia ali mais alguns amigos da família.

Fernando, embora tenha recebido o convite, deu uma desculpa a Carlos e não compareceu.

A festa estava animada quando Humberto chegou com Matilde. Ambos foram recebidos pelos noivos. Ao entrar, viram Joana com Afonso. Humberto sentiu-se um pouco constrangido. Não imaginava que Joana estivesse naquela festa, ainda mais acompanhada.

Matilde, por sua vez, ficou nervosa, mas decidiu não deixar transparecer a raiva. Humberto pegou as mãos de Matilde e juntos foram cumprimentar Joana e seu acompanhante.

— Olá, Joana. Como tem passado?

— Bem. E vocês?

— Bem, graças a Deus… — respondeu Humberto.

Matilde limitou-se a dar um sorriso sem graça.

— Que surpresa vê-la aqui — disse Humberto.

— Você vê como este mundo é pequeno… Eu e Afonso somos amigos de Paulinha. A propósito, quero lhes apresentar. Este aqui é Afonso. Estamos noivos. Como você não foi mais ver as crianças, não tive tempo para comunicar-lhe nosso namoro.

— Prazer, Afonso. Fico feliz por vocês. Quanto às crianças, estou com saudade, mas Matilde está tendo uma gravidez difícil e não estou podendo me ausentar de casa. Não sei se eles lhe contam, mas sempre conversamos pelo telefone.

— Eles comentam, sim.

Ana, ao vê-los conversando, foi cumprimentar Humberto e oferecer docinhos.

— Olá, Humberto. Só assim para você aparecer aqui em casa! Vou pedir para Carlos fazer um noivado por semana...

— Ora, não seja maldosa! Você sabe que não tenho tempo para nada. Viemos porque Carlos é como um irmão para mim e eu não perderia seu noivado por nada. Mas, assim que Matilde tiver nosso bebê, viremos mais vezes para visitá-los. Prometo.

Ao dizer essas palavras Humberto olhou para Matilde, que dessa vez não conseguiu disfarçar sua ira, pensando:

"Quem essa sirigaita pensa que é? Oferecida! Além de eu ter de agüentá-la, ainda deparo com essa tonta da Joana, que conversa comigo como se nada tivesse acontecido."

Humberto, ao ver Ana afastar-se, seguiu-a com os olhos, pensando:

"Será que Matilde tem razão? Será que Ana gosta mesmo de mim? Ela está cada vez mais linda, mas nem posso pensar em nada com ela. Esqueça, Humberto!"

Ana estava realmente linda naquela noite, vestindo um tomara-que-caia azul *royal* que deixava parte de seus seios descobertos, exalando sensualidade por onde passava.

Matilde percebeu as olhadas de Humberto para Ana e chamou-o de canto, começando a brigar discretamente:

— Pensei que seus olhos iam pular dentro do vestido dessa sirigaita. Foi para isso que você veio aqui?

Ele, tentando baixar o tom de voz dela, respondeu:

— Pare com esse ciúme ridículo. As pessoas estão nos olhando. Não me faça passar vergonha.

— Se essa sirigaita se aproximar novamente de você, vou perder a cabeça.

— Matilde, isso aqui é uma festa. As pessoas estão conversando, divertindo-se. É óbvio que Ana venha falar conosco novamente, afinal estamos na casa dela. Agora escute bem o que vou lhe dizer: se você arrumar confusão, largo você sozinha. Controle-se e tente ser um pouco sociável.

Carlos, ao perceber o clima do casal, aproximou-se e começou a conversar sobre seus planos para o casamento. Estavam todos animados quando chegou o momento do pronunciamento oficial do noivado com a troca de alianças. Carlos desligou o aparelho de som para chamar a atenção dos convidados:

— Peço um minuto a todos, por favor. Paula, fique aqui do meu lado.

Paula, que estava em um canto da sala, aproximou-se dele e deu-lhe um beijo. Todos os convidados prestaram atenção aos noivos.

— Bem, meus amigos. Como todos sabem, esta noite é muito especial para nós. Há mais de dez anos que nos conhecemos e já naquela época nos sentíamos atraídos um pelo outro. Nós nos reencontramos e, neste reencontro, nossos corações se uniram. É por isso que estamos aqui esta noite, na presença de todos vocês, para oficializar nosso amor.

Carlos tirou do bolso a caixinha com as alianças, pegou o anel destinado à noiva e falou:

— Paula, tendo sua mãe e nossos amigos como testemunhas, peço sua mão e lhe ofereço este anel de compromisso como prova de meu amor.

Carlos pegou o dedo de Paula e colocou a aliança. Todos aplaudiram felizes. Ela, ao ver a aliança em seu dedo, pegou a outra aliança e colocou-a no dedo de Carlos, dizendo:

— Coloco este anel e meu coração em suas mãos, pois eu o amo muito. Aceito seu pedido com emoção e sei que seremos muito felizes juntos.

A alegria foi geral. Todos aplaudiram e Ana gritou:

— Viva o casal!

Todos repetiram em um só refrão:

— Viva!

Após a troca de alianças, ambos cortaram o bolo. Em seguida, todos os convidados foram abraçá-los. Após os cumprimentos de praxe, Carlos colocou uma música romântica para iniciar o baile.

Os casais foram dançar. Um amigo de Luísa, vendo-a sozinha, chamou-a para dançar, convite que foi aceito de pronto. Humberto também puxou Matilde para dançar, no intuito de distraí-la. Ela, a contragosto, aceitou.

Estavam todos dançando quando os casais começaram a trocar de par. A cada música, os pares iam se alternando. Em determinado momento, o par de Ana foi dançar com Luísa, deixando Humberto com Ana.

Matilde, ao ver os dois dançando juntos, não se conteve. O ciúme possuiu-a de tal forma que a deixou cega e surda a qualquer indício da razão. Largou seu par e foi ao encontro dos dois, dizendo:

— Sua sirigaita! Largue meu marido!

Ao dizer essas palavras, Matilde deu um tapa no rosto de Ana, que não revidou, procurando proteger-se. O tumulto estava formado.

Humberto, vendo Matilde naquele estado, tirou-a da sala. Ela, descontrolada, gritava:

— Sua pistoleira! Se pensa que vou deixar meu marido para você, está enganada. Eu acabo com você! Não perde por esperar!

E, dizendo essas palavras, foi arrastada por Humberto para fora. Ele deixou a casa envergonhado, lastimando o ocorrido.

Carlos, ao ver os dois indo embora, contemporizou:

— Bem, meus amigos, vamos continuar com nossa festa. Peço-lhes desculpas pelo incidente, mas vocês sabem... Essas coisas acontecem.

Após alguns comentários, os convidados esqueceram o ocorrido e voltaram a se divertir.

Ana estava pasma, rosto vermelho e dolorido pelo tapa dado por Matilde. Tentou fingir que nada havia acontecido e continuou a ajudar na festa, mas sentia o coração oprimido.

Já era tarde da noite, e aos poucos os convidados começaram a se retirar. Por fim, ficaram conversando na sala apenas Carlos, Paula, Maria, Ana, Afonso e Joana.

Joana comentou:

— Pobre Humberto! Vocês viram o estado em que ele ficou? Essa Matilde é completamente descontrolada.

— É, eu é que sei — disse Ana. — Senti na pele o descontrole dela. Está doendo até agora.

Todos riram da forma com que ela falara.

— Fui casada com Humberto durante vários anos — disse Joana. — Apesar de tudo que aconteceu entre nós, não gosto de vê-lo nessa situação, porque, apesar de tudo, sei que ele é uma excelente pessoa.

— Ele fez de tudo por Matilde — tornou Carlos. — O que não entendo, conhecendo-o bem como o conheço, é por que ele ainda não se separou dela.

— O caso dos dois é mais difícil do que você imagina — interveio Afonso. — Matilde está com ele porque se aliou a entidades perturbadas para isso, e agora está pagando o preço. Ele não a ama, e com isso lhe transmite insegurança, fazendo com que ela tenha ciúme. Ela sabe que está com ele porque se aliou a espíritos atrasados para conseguir atraí-lo. Sabe também que ele não a ama.

— Explique melhor, Afonso — pediu Carlos.

— É muito simples. Matilde não ama Humberto. Na verdade, ela é obcecada e não aceita perder. A princípio, envolveu-se com ele por puro prazer. Com o passar do tempo, ele foi alimentando o orgulho dela. Quando ele a flagrou com outro e voltou para Joana, ela não se conformou em perder o homem que alimentava seu orgulho. Desejou a todo custo atraí-lo de volta. Usou a gravidez para se reaproximar de Humberto. Vendo que não conseguia dessa forma, apelou para os trabalhos de uma mãe-de-santo, que, alimentando entidades espirituais perturbadas, conseguiu que ele voltasse a viver com ela. A verdade é que eles estão juntos mas não se amam.

— Sei. Mas o que não entendo é como Deus permite que essas coisas aconteçam. Humberto não faz mal a ninguém, não merece passar por isso.

— Não é bem assim. Deus nos deu o direito de escolha. Essas entidades só conseguiram seu intuito porque Humberto permitiu, pois em seu íntimo ele acha que ama Matilde, o que facilitou que o trabalho fosse concluído.

— Mas, e Joana? Ela foi a mais prejudicada nessa história.

— Não foi, não. Joana tinha que passar por essa situação para perceber que não amava Humberto. Muitos jovens se enganam. Sonham com um amor eterno, conhecem uma pessoa e projetam seus sonhos sobre ela. A vida a dois revela o verdadeiro temperamento de cada um, e então eles descobrem que não têm nada em comum, que não era amor verdadeiro o que sentiam. Acaba o encanto e acontece a separação. Joana passou por isso. Quando o amor é verdadeiro, tudo é diferente: há união, prazer de estar junto. Isso não acaba nem depois da morte.

— Entendo. Sinto que tem razão. Mas estou pensando em Humberto. O que acontecerá com ele? Ficará preso a ela por muito tempo?

— Não. Só o suficiente para ele perceber que está agindo de forma errada. Deus não permitiria que uma união forçada durasse a vida inteira.

— Então, nesse caso, só quem perde é Matilde.

— Isso mesmo. Ela terá que aprender que não se força a vontade de Deus, porque mais cedo ou mais tarde tudo que ela fez a Joana e a Humberto voltará para ela mesma.

— Agora entendi.

— Fico contente, Carlos. Mas devemos ir. Vocês estão de parabéns. A festa foi ótima.

Afonso e Joana despediram-se e foram embora. Carlos e a família recolheram-se satisfeitos. Apesar do incidente com Humberto, a festa tinha sido um sucesso.

O dia seguinte amanheceu nublado. Humberto, após ler o jornal, ficou pensativo. Ainda não havia trocado uma palavra sequer com Matilde, mas havia tomado sua decisão. Quando ela apareceu em sua frente, ele foi logo dizendo:

— Matilde, depois de ontem, não dá mais para continuarmos juntos. Eu a avisei que, se você fizesse algum escândalo, eu me separaria. Pois bem, estou cumprindo com minha palavra.

Matilde ouviu calada. Quando Humberto terminou de falar, ela respondeu calmamente:

— Está bem, pode ir embora. Mas diga adeus a mim e a esta criança que vai nascer, pois, se você sair por aquela porta, eu me mato, eu juro. E você carregará pelo resto da vida o peso de duas mortes.

Humberto ficou pensativo. Depois de alguns minutos de reflexão, decidiu ceder, pois ela estava ficando louca. Não seria difícil cumprir o prometido e ele não queria ser o responsável por uma tragédia, principalmente com uma criança que não tinha culpa das loucuras de sua mãe.

— Você venceu. Não irei embora, mas não exija nada de mim além de minha companhia até essa criança nascer.

Matilde não respondeu.

Os dias que se seguiram foram tranqüilos. Matilde havia entrado no nono mês de gestação. Humberto passou a redobrar a atenção, pois Matilde estava sentindo os sintomas próximos do parto.

Ele decidiu trabalhar em casa na última semana que faltava para a criança nascer. Sua secretária passava todos os dias para levar-lhe papéis para assinar. No entanto, Matilde começou a implicar com a presença da secretária, o que obrigou Humberto a mudar o procedimento, mandando o *office-boy* do escritório levar-lhe os documentos que necessitavam de sua assinatura.

capítulo 13

— Rui, vamos manter a calma, senão não vamos conseguir agir — disse Elvira.

— Eu sei disso, mas não dá. Só temos esta noite para colocarmos nosso plano em ação.

— Tá, mas pare de andar de um lado para o outro. Daqui a pouco, Carlos virá dormir. Teremos que ser rápidos, não podemos cometer erros. Você sabe o que tem que fazer, não sabe?

— Claro que sei. Estou a uma semana ensaiando as palavras.

— Espero que dê certo. Olhe, ele chegou. Vamos repassar tudo.

Enquanto os dois repassavam seus planos, Carlos colocou o pijama e deitou-se. Elvira, ao ver Carlos deitado, disse a Rui:

— Pronto. Temos que agir. Troque de roupas.

— Trocar de roupas? Mas para quê? Não estou desarrumado.

— Eu sei, tonto. Mas plasme uma roupa branca. Isso vai impressionar Carlos quando o vir e, quando ele acordar, vai achar que você virou um anjo e quer ajudá-lo. Assim ficará mais fácil o plano "A" funcionar.

Rui, antes de se trocar, deu uma risada.

— Do que você está rindo?

— De você, é lógico. Eu, um anjo? Quem me dera! Você está querendo me promover por conta própria? Olhe lá, que Deus castiga, hein...

— Pare de gracinhas, Rui. O caso é sério. Troque-se logo.

Renato havia ensinado os dois a plasmar as roupas. Rui trocou-se e agora estava usando calça e uma túnica branca que lhe vinha dos ombros aos pés.

— E então? Estou parecendo um anjo?

— Você está ótimo. Mas olhe, é agora.

Elvira percebeu que Carlos caíra em sono profundo. Ao ver seu corpo astral um pouco afastado do corpo físico, usou seu conhecimento para tirá-lo definitivamente e fez com que Carlos visse Rui. Assustado, Carlos disse:

— É você, Rui?

Rui aproximou-se e disse:

— Sou eu mesmo. Há quanto tempo não conversamos! Venha, vamos passear.

Rui pegou Carlos pela mão, passou o braço por sua cintura e levou-o a um jardim, deixando Elvira no quarto a velar o corpo de Carlos para que nada saísse errado e atrapalhasse a conversa.

Chegando ao jardim, Rui deu um abraço no amigo, que, confuso, o interrogou:

— O que você está fazendo comigo? Você não morreu?

— Morri, Carlos, mas continuo vivo. A morte não existe. Veja: eu estou vivo e vim lhe ajudar. Preste muita atenção no que vou lhe dizer.

— O que está acontecendo? Diga!

— A história é muito longa, vou resumi-la para você. Fernando vai se dar mal amanhã à noite, e, se estiver com ele, sobrará para você também, entendeu?

— Não.

— Esqueça. Preste atenção. Você não vai trabalhar amanhã. Repita comigo: "Eu não vou trabalhar amanhã".

— Eu não vou trabalhar amanhã.

— Certo. Você já me entendeu. Agora temos que voltar. Não posso ficar muito tempo com você. Vamos.

Rui levou-o de volta ao corpo carnal. Ele e Elvira ficaram o resto da noite velando o sono de Carlos, preocupados com o menor ruído que fosse.

O dia amanheceu, o que aumentou a expectativa para que Carlos acordasse. Queriam saber se o plano havia dado resultado. Carlos acordou pensativo, lembrando-se do sonho com Rui, mas não recordando o que fora dito.

Ao perceber isso, Elvira aproximou-se para sussurrar-lhe ao ouvido o recado:

— Não vá trabalhar hoje, Carlos.

Ele, ao registrar as palavras de Elvira, lembrou-se:

"Ele pediu para eu não ir trabalhar. Mas por quê?"

Carlos foi cuidar da aparência e, após o desjejum, comentou com a mãe:

— Sonhei com Rui esta noite. Ele estava tão bem, todo de branco. Ele me falou algumas palavras, mas não me lembro direito. Ele disse alguma coisa do tipo "Não vá trabalhar hoje", ou algo do gênero.

— Tente lembrar-se. Pode ser um aviso. Rui era tão seu amigo! Deve estar no céu olhando por você.

Elvira, ao ouvir Maria, olhou para Rui e comentou:

— Por que será que, para os encarnados, todo mundo que desencarna vira santo? Coitada dela! Se soubesse a verdade, nunca diria que você está no céu...

— Fique quieta, Elvira! Deixe-me ouvir o que eles estão conversando.

Carlos refletiu sobre o que a mãe dissera e comentou:

— Pode ser. De qualquer forma, ele está querendo me avisar de alguma coisa sobre meu trabalho. Amanhã, quando eu estiver com Paulinha, vou lhe perguntar o que pode significar esse sonho. Ela saberá me responder. Ou talvez não seja nada de mais, só saudade de meu amigo.

— É, ele pode ter vindo só lhe visitar. Às vezes, eu sonho

com seu pai. Passamos horas conversando. Amélia explicou que ele vem me ver de vez em quando para amenizar nossa saudade.

— É, deve ter sido isso mesmo. Ele veio colocar nossos assuntos em dia. Acho que é por isso que ficou gravado em minha mente algo sobre o trabalho. Não deve ser nada de mais...

Rui, questionou:

— Você ouviu, Elvira? Ele não deu atenção ao meu aviso e só irá falar com Paula sobre o assunto amanhã. O que faremos? A primeira parte do plano "A" falhou.

— Acalme-se. Vamos para a segunda parte do plano "A". Essa, com certeza, dará certo.

— Deus lhe ouça, Elvira, e nos ajude.

"Deus não desampara ninguém." Sônia pensou nessas palavras sem ser percebida pelos dois, pois ela estava acompanhando o caso, sem se deixar notar por eles.

Carlos estava sentado no sofá lendo o jornal quando Elvira se aproximou dele para tentar influenciá-lo, esforçando-se ao máximo para passar-lhe energias negativas, falando-lhe ao pé do ouvido:

— Você não irá trabalhar, Carlos. Você está doente.

Ele registrou o pedido de Elvira. Sentiu um calafrio por todo o corpo e um pressentimento ruim lhe acometeu. Elvira e Rui ficaram o dia todo próximos a Carlos, ministrando-lhe energias desencorajadoras. Carlos, por sua vez, sentiu-se indisposto e angustiado. Estava aproximando-se a hora de ir trabalhar. Rui e Elvira redobraram as energias para controlar Carlos, mas ele se arrumou para ir ao trabalho, mesmo sentindo toda aquela negatividade.

Antes de sair, procurou a mãe e deu-lhe um beijo e um abraço forte. Maria sentiu um aperto no coração. Sua intuição de mãe lhe dizia que algo de ruim estava para acontecer. Olhou para o filho e disse:

— Carlos, você não está bem. Não vá trabalhar hoje, fique em casa. Diga a seus superiores que está doente...

— Ora, mãe, eu não sou um fraco. Não vou ficar em casa só porque sonhei com Rui e estou desanimado. Vou trabalhar. Assim distraio minha mente e o desânimo passa.

— Bem, se você acha que isso é melhor, tudo bem. Vá com a proteção de Deus, meu filho.

Rui, ao ver que o planejado não dera certo, olhou para Elvira, que, tentando manter a calma, disse:

— Tudo bem. Vamos partir para o plano "B".

Os dois estavam acompanhando Carlos na rua. Elvira, ao vê-lo distraído, afastou-se, pegou impulso e jogou-se em cima dele, o que o fez perder o controle e cair, provocando-lhe pequena luxação no calcanhar direito.

Com muito custo, Carlos levantou-se, ficando parado por um tempo, pensando em voltar para casa, afinal tudo estava concorrendo para ele não ir trabalhar. Mas pensou melhor e rapidamente tirou aquela idéia de sua mente: ele não era um fraco. Após alguns passos, concluiu que estava bem para seguir seu caminho.

Os dois espíritos ficaram sem saber o que fazer. Tentaram provocar mais alguns incidentes, mas foi tudo em vão. Quanto mais eles faziam, mais Carlos ficava determinado a ir trabalhar. Decidiram então acompanhá-lo, sem fazer mais nada.

Carlos, Fernando, Rui e Elvira encontravam-se na viatura quando Renato chegou acompanhado de Pablo. Ao vê-los, Rui e Elvira assustaram-se. Carlos, de certa forma, registrou a apreensão dos espíritos e, sem saber por quê, começou a passar mal.

Fernando, vendo-o suar frio, indagou:

— O que houve? Você não me parece bem. Quer que eu o leve para o hospital?

— Não precisa. É só um mal-estar. Isto passa.

Fernando não disse mais nada.

Pouco depois, os dois iniciaram a ronda noturna. Estavam acostumados, aquelas ruas faziam parte de sua rotina.

Entraram numa viela que parecia sossegada, quando viram

uma moça sair correndo de uma ruazinha sem saída, gritando por socorro.

Pararam a viatura e foram ao encontro da jovem para saber o que estava acontecendo. Ao abordá-la, Carlos perguntou:

— O que houve, moça?

— Ali naquela ruazinha há uma casa abandonada. Ao passar, ouvi uma voz pedindo ajuda. Fui ver do que se tratava. Era um bêbado, que, ao me ver entrar, me agarrou e tentou me violentar. Consegui fugir, mas ele ainda está lá.

— Acalme-se... Vamos ajudá-la. Ele está armado?

— Não, senhor. Ele só está bêbado.

Fernando olhou para o parceiro e disse:

— Então não precisamos nem nos preocupar em chamar reforços. Já que você não está se sentindo bem, fique aqui com a moça que eu tiro o bêbado da casa rapidinho.

— Vou junto, Fernando. Pode ser perigoso.

— Perigoso? Imagine! Fique aqui. Volto logo.

Dizendo essas palavras, Fernando foi para o local indicado. Não tirou o revólver da cintura; só pegou o cassetete, pois iria bater no bêbado, o que para ele seria diversão garantida, ainda mais sem Carlos por perto para segurá-lo.

Entrou na casa com uma lanterna nas mãos. Repetinamente, levou uma pancada na cabeça e caiu no chão desmaiado.

Os dois homens que lhe haviam dado a pancada recolheram-no, levando-o para a casa ao lado, que fora arrumada em um lugar estratégico especialmente para a emboscada.

Dentro da casa havia mais quatro homens. Um deles, que parecia ser o chefe, indagou aos dois comparsas:

— Cadê o outro tira?

— Ficou no carro com nossa isca. Este aqui veio sozinho — respondeu um deles.

— Vamos esperar um pouco, porque, quando o outro se der conta de que o parceiro está demorando, virá à procura dele. E você — falou, dirigindo-se a um deles — fará o seguinte...

O rapaz escutava atentamente as ordens do chefe, que

estava sendo influenciado por Pablo. Alguns membros da organização, incluindo Renato, estavam ajudando.

João e Laura, felizes por finalmente poderem se vingar de Fernando, não estavam no local. Rui e Elvira ficaram do lado de fora com Carlos, tentando protegê-lo. Ao ver que Fernando estava demorando, Carlos foi a seu encontro e, ao aproximar-se do local, viu um rapaz vindo em sua direção.

— O senhor deve ser Carlos, parceiro de Fernando.

— Sou, sim. Por quê? Cadê ele?

— O homem que estava na casa abandonada é meu pai. Ao reconhecer Fernando, que é seu velho amigo, levou-o para nossa casa e me pediu para eu vir avisá-lo e conduzi-lo até ele. O senhor pode me acompanhar?

Carlos achou estranho, mas, após alguns segundos de reflexão, aceitou o convite e deixou-se conduzir até a casa pelo rapaz. Ao entrar, foi recebido com quatro armas apontadas para sua cabeça. A princípio, ele não acreditou no que estava vendo, mas tentou controlar-se.

O chefe da gangue desarmou-o e, após pegar o molho de chaves que estava em seu bolso, entregou-o a um de seus comparsas e pediu-lhe que levasse a viatura para um local distante, a fim de não levantar suspeitas.

Carlos e Fernando estavam agora completamente desarmados e nas mãos dos marginais. Pablo e a organização acompanharam tudo, intuindo a gangue em como agir.

capítulo 14

Humberto e Matilde estavam deitados quando ela sentiu um líquido correr por entre as pernas. Gritou:

— A bolsa estourou! O bebê vai nascer!

Humberto ficou atordoado. Não sabia o que fazer. Depois de muita atrapalhação, colocou Matilde no carro e partiu para o hospital.

Ao chegarem, ela foi conduzida às pressas para a sala de parto, deixando Humberto apreensivo do lado de fora.

O tempo foi passando. Por mais que ele tentasse, não conseguia vencer a apreensão e o nervosismo.

Quando viu o médico sair da sala vindo em sua direção, levantou-se e ansioso esperou.

O médico o fez sentar-se e foi direto ao assunto:

— Sr. Humberto, o estado de sua esposa é muito delicado. A criança não está em posição normal. Estamos fazendo o possível para que esse parto seja bem-sucedido. Vamos realizar uma cesariana, mas o senhor terá que assinar um termo de responsabilidade, pois devo ser sincero: mãe e filho correm risco de vida.

— Como assim, doutor? Eles podem morrer?

— Infelizmente teremos que correr esse risco. Sua esposa, pelo que nos consta, não fez nenhum exame de ultra-sonografia. Só descobrimos as complicações do feto agora. Faremos o possível e o impossível para salvá-los, mas o risco é grande.

O médico fez pequena pausa no intuito de deixar Humberto pensar. Após alguns segundos, disse:

— Tenho que voltar à sala de cirurgia. Queira, por gentileza, dirigir-se ao balcão para assinar o termo.

Humberto, meio atordoado, respondeu:

— Claro. Vou, sim.

Ele foi imediatamente. Depois, começou o período de espera. À medida que o tempo passava, Humberto ficava cada vez mais aflito.

Dirigiu-se à imagem de uma santa que ficava em um altar daquela sala e começou a rezar, pedindo a Deus e a todos os santos para salvar Matilde e a criança.

Já era tarde quando o médico saiu da sala e foi em sua direção com expressão de descontentamento. Humberto foi a seu encontro, interrogando-o:

— Então, doutor, como eles estão?

— Acalme-se. Venha até minha sala. Lá tomaremos uma água e conversaremos melhor.

O médico conduziu-o até sua sala e ofereceu-lhe um copo com água. Ao ver Humberto acomodado, disse:

— Sua esposa teve muitas complicações no parto. Com muito custo a criança nasceu. É um menino, mas…

— Mas o quê, doutor?

O médico, após tomar um gole de água, respondeu:

— Bem, o feto teve má formação durante a gravidez. Foi um parto muito complicado, tivemos que recorrer a vários recursos para salvar a mãe e o bebê. Pois bem… A criança nasceu sem parte das pernas e sem o braço esquerdo. Está viva, mas não sabemos se irá reagir. As próximas horas serão decisivas para a vida do bebê. Sua esposa perdeu muito sangue no parto, teve várias hemorragias, contidas com dificuldade. Tivemos que retirar útero e ovários, portanto ela não poderá ter mais filhos e, devido a seu estado grave de saúde, foi conduzida à UTI.

— Mas ela vai ficar bem?

— Teremos que esperar quarenta e oito horas para saber. Espero que ela reaja.

— Posso vê-los, doutor?

— Sua esposa, não será possível. Mas o bebê, sim, se o senhor puder esperar mais algumas horas. Assim que fizermos todos os exames necessários, deixarei que o veja.

— Obrigado. Vou aguardar.

Humberto saiu da sala do médico e foi até a cantina tomar um café. Estava difícil acreditar no que acabara de ouvir. Matilde entre a vida e a morte, e seu filho defeituoso.

O que ele faria de sua vida dali para a frente? Era o que Humberto se perguntava sem parar.

capítulo 15

Voltemos algumas horas no tempo para saber o que aconteceu com Carlos e Fernando, naquela noite cuja lembrança ficaria marcada em suas vidas para a eternidade.

Fernando abriu os olhos. Estava sentindo uma terrível dor de cabeça. Olhou ao redor e percebeu que estava amarrado. Havia quatro marginais à sua frente. Deu mais uma olhada e viu Carlos a seu lado, também amarrado. Estava confuso, não conseguia raciocinar direito. Foi quando o líder da gangue se aproximou e disse:

— Ora, ora, se não é o tira folgado que gosta de bater... Será que gosta de apanhar também?

Fernando olhou bem nos olhos do interlocutor e vislumbrou um brilho de ódio. Sentiu que dificilmente sairia com vida daquela situação e pensou:

"Se é para morrer, vou morrer com dignidade."

Juntou saliva e cuspiu no rosto do homem como resposta. O chefe, ao limpar-se, sentiu o ódio aumentar. Chamou dois de seus homens e mandou que eles tirassem as roupas de Fernando, deixando-o completamente nu.

O chefe e seus capangas não podiam ver, mas era Pablo quem lhes dava as ordens de como agir. Rui e Elvira assistiam a tudo, pasmos.

João e Laura, agora com eles, aplaudiam alegremente cada ação realizada.

Quanto mais o tempo passava, maior era o desespero de Rui. A situação estava a cada minuto mais crítica. Fernando já estava marcado para morrer e Carlos também tinha sua chance de vida diminuída.

Aproveitando que todos os membros da organização estavam em êxtase vendo os genitais de Fernando serem queimados com charuto, Rui chamou Elvira a um canto e indagou:

— O que vamos fazer agora? Carlos vai desencarnar.

— Não sei. Não há mais nada que possamos fazer. O jeito é esperar.

— Não vou ficar aqui assistindo a tudo sem fazer nada.

Naquele momento, Elvira lembrou-se de uma amiga que lhe dizia que, quando não temos condições pessoais para mudar uma situação, devemos colocar os problemas nas mãos de Deus, que eles se resolvem.

— Rui, tive uma idéia: vamos rezar!

— Rezar? Mas para quê?

— Não podemos fazer mais nada, então vamos pedir a Deus que faça algo.

Rui concordou, embora achasse que rezar não ia adiantar nada. Os dois se afastaram do grupo e começaram a fazer preces para proteger Carlos e até Fernando daquela situação.

Ficaram em meditação por longo tempo, ambos fazendo seus pedidos de coração, quando viram uma luz branca vindo em sua direção. Assustaram-se a princípio, mas depois se acalmaram, vendo Sônia parada em sua frente.

— Prestem atenção... Vocês não estão sós. Estamos aqui com vocês, mas não podemos ser vistos. Continuem com suas preces e tudo sairá bem.

Ao dizer isso, Sônia desapareceu da vista deles. Os dois continuaram com as preces, desta vez ainda mais fervorosas.

Fernando estava apanhando enquanto Carlos assistia a tudo, sem poder fazer nada. Até aquele momento, a gangue não havia feito nada a ele, o que o fez concluir que se tratava de uma vingança e não era contra ele.

O chefe, ao ver Fernando perder as forças, colocou ao lado dele, no chão, uma vasilha com água. Fernando havia transpirado muito e sentia a garganta seca. Por mais que seu orgulho tentasse falar mais alto, acabou por tomar o líquido oferecido, levando ao delírio os membros da organização, que se deliciavam com a cena. O êxtase era tanto que até se esqueceram de Rui e Elvira.

Ao ver Fernando tomar todo o líquido, o chefe da gangue pegou-o pelos cabelos, fazendo-o levantar a cabeça, e disse:

— Já me diverti com você. Agora vou matá-lo.

Olhou para Carlos e disse:

— Não gosto de tiras, mas não tenho nada contra você. Apesar disso, terei que matá-lo também. Não posso deixar testemunhas. Mas prometo que será só um tiro certeiro.

Carlos, ao ouvi-lo, sentiu seu coração bater descompassado. Pensou em sua família, em sua noiva, que tanto amava, fechou os olhos e pediu clemência a Deus, em sentida prece, como nunca fizera antes.

Imediatamente começaram a chover energias luminosas sobre ele. Elvira e Rui, que continuavam em prece, também receberam aqueles fluidos regeneradores.

Carlos, apesar da situação, ficou mais calmo.

Foi quando os membros da gangue começaram a discutir. Dois deles sentiram medo pelo fato de Fernando e Carlos serem policiais e decidiram não mais participar do crime. Achavam que a polícia encontraria o corpo dos colegas mortos e revirariam a cidade atrás deles. Os outros membros, por sua vez, não queriam deixá-los ir embora. O chefe irritou-se com a situação e falou energicamente:

— Vamos acabar logo com isso.

Olhou para Fernando e engatilhou sua arma. Em seguida, deu-lhe cinco tiros, que o fizeram desencarnar na hora.

Virou-se para Carlos e puxou o gatilho, mas o tiro não saiu. A arma emperrou. Determinado, ele se voltou para um companheiro, puxou-o pelo braço e o fez virar-se. Pegou a arma do comparsa e entregou-lhe a que usara.

Porém, no momento da troca, a arma emperrada disparou acidentalmente, atingindo o companheiro. Naquele momento, teve início uma tremenda confusão entre os marginais.

Carlos, atônito, viu-se no meio de intenso tiroteio. De repente, uma bala o atingiu e ele desfaleceu. A troca de fogo entre os criminosos continuou por alguns minutos. Mas o embate não durou muito. O chefe e os outros saíram do local rapidamente ao ouvirem as sirenes da polícia, que havia sido chamada por vizinhos assustados com o barulho dos tiros.

Renato retirou Fernando de seu corpo carnal com a ajuda de Pablo e este o levou para a organização, onde João e Laura terminariam seu acerto de contas. Renato ficou no local, com Rui e Elvira, velando Carlos:

— Ele não morreu — disse Rui, afoito. — Mas está muito ferido. Se a polícia entrar logo, ainda poderão salvá-lo.

Renato, ao ver o desespero de Rui, comoveu-se. Ele estava cansado daquele trabalho na organização, mas tinha dívidas a pagar com eles e não poderia nem pensar em afastar-se do grupo.

Repentinamente, uma luz branca começou a iluminar o local. Sônia apareceu na sala. Rui, ao vê-la, ficou contente. Aproximou-se dela e disse:

— Sônia, por favor, ajude Carlos.

— Acalme-se, Rui. Confie na providência divina, que nunca falha. Carlos terá que colher os frutos de sua plantação, adquirindo novas ligações que o levarão ao caminho do bem maior. Por enquanto, a única coisa que podemos fazer é rezar e pedir à bondade divina que lhe dê a oportunidade de continuar a viver. Quanto a você e Elvira, ambos estão necessitados de descanso. Querem vir comigo?

Renato assistiu à conversa a certa distância. Não queria arrumar confusão. Rui olhou para Elvira, que, já cansada de tudo por que havia passado desde o desencarne, balançou a cabeça em sinal de positivo. Rui perguntou a Sônia:

— Nós poderemos voltar para ajudar Carlos e o marido de Elvira?

— Vocês agora terão que cuidar de si mesmos, pois espero que ambos tenham aprendido a lição. Para você ajudar alguém, primeiro você tem que ajudar a si mesmo. Quando estiverem bem, prometo levá-los para vê-los.

A polícia chegou ao local. Ao verificarem que Carlos estava entre a vida e a morte, chamaram uma ambulância.

Rui e Elvira, vendo Carlos ser cuidado, afastaram-se dele e ficaram junto de Sônia. Observando Renato a um canto tentando não ser visto, Elvira olhou para Sônia, que, ao ler seus pensamentos, fez sinal de positivo. Então Elvira aproximou-se de Renato e disse:

— Venha conosco. Sei que você não é ruim. Deixe a organização.

— Bem que eu queria, mas não posso. O chefe acabaria comigo.

Sônia ouviu a conversa e foi ter com ele.

— Pode vir conosco. Seu chefe não tem poder nenhum sobre nós. Não precisa se preocupar.

Sentindo a ternura de Sônia, Renato abraçou-a, qual criança faz com a mãe quando quer ser protegida. Sônia envolveu os três em sua energia e levou-os para uma colônia astral de refazimento.

Carlos foi levado às pressas para o hospital da cidade. Sua família foi avisada do ocorrido por um tenente. Maria e Ana comunicaram o ocorrido a Paulinha, e as três seguiram para o hospital.

Lá chegando, foram informadas de que que o estado de saúde de Carlos era grave e ele estava na sala de operação para remover a bala alojada em seu peito.

O dia já estava claro quando Ana, cansada de esperar notícias do irmão, decidiu andar um pouco pelo hospital e buscar leite morno para a mãe.

Procurou informar-se de onde ficava a lanchonete. Lá chegando, ficou surpresa ao ver Humberto sentado, tomando café. Correu para abraçá-lo. Ele, admirado, retribuiu e perguntou:

— O que houve? O que está fazendo aqui?

— Meu irmão foi baleado e está sendo operado neste momento.

Humberto, que já estava fragilizado pelos seus próprios problemas, sentiu-se mal com a triste notícia. Querendo ajudar, saiu com Ana à procura de um médico, para inteirar-se da situação do amigo.

Por alguns minutos esqueceu o que estava fazendo naquele hospital. Após tentativas em vão de obter informações, reuniu-se com Paula e Maria.

Horas depois, a sala de espera estava cheia. Afonso e Amélia reuniram os médiuns do centro espírita e foram todos para o hospital. Chegando lá, Afonso sugeriu que fizessem uma prece mentalizando Carlos recuperado e mandando a ele energias curadoras. Depois, fez sentida oração, solicitando a presença dos espíritos que trabalham para a cura na sala de operações, pedindo que ajudassem os médicos que estavam operando Carlos a serem bem-sucedidos. Ficaram em prece por um longo tempo.

Passadas algumas horas, o médico que operara Carlos foi ter com a família. Paula, ao vê-lo, indagou:

— Então, doutor, como Carlos está?

— A operação foi muito delicada. Ele reagiu à cirurgia, mas seu estado de saúde ainda é muito delicado. Foi levado à UTI e só com o tempo saberemos se ele ficará bem ou não.

— Podemos vê-lo?

— Por ora, não. Sugiro que todos vocês voltem para casa e descansem. Não há nada que possam fazer. Telefonaremos se houver modificação no estado dele.

Depois que o médico saiu para atender a uma emergência, as mulheres trocaram idéia. Maria queria ficar no hospital, mas foi induzida por Amélia a ir para casa. Com muita relutância, ela finalmente concordou e Paula as acompanhou. Ana, sabendo por Humberto sobre o estado de Matilde e de seu filho, decidiu ficar com ele para ver o menino.

Após conseguirem autorização, os dois foram ver a criança. Humberto, vendo o bebê, sentiu enorme compaixão por aquela criança que nascera com tantos problemas. Uma onda de carinho brotou em seu coração. Prometeu a si mesmo dar amor e atenção àquele que Deus lhe enviara como filho.

capítulo 16

Rui e Elvira estavam conversando no jardim do hospital-colônia quando Sônia se aproximou.

— Olá. Fico feliz por vê-los bem em tão pouco tempo.

Rui abriu um sorriso maroto antes de responder:

— Nós é que ficamos felizes em revê-la... Mas diga-nos: o que a traz aqui?

— Vim vê-los e buscá-los para passear.

— Que bom! Aonde vamos? — perguntou Elvira.

— Primeiro vamos nos encontrar com um espírito amigo e depois viajaremos.

Os dois a acompanharam satisfeitos. Andaram algum tempo pelo imenso bosque que circundava o hospital e avistaram sentado em um banco alguém muito conhecido deles.

— O que Carlos está fazendo aqui? Ele desencarnou? — perguntou Rui, muito assustado.

— Não. Ele continua em coma. Trouxemos seu espírito até aqui para conversar. Vá em frente, Rui, fale com ele.

Rui correu ao encontro do amigo e abraçou-o comovido. Ficaram abraçados por longo tempo tentando controlar a emoção.

As mulheres se aproximaram. Sônia chamou a atenção de todos e pediu que se sentassem. Depois começou a falar:

— Reuni-os aqui para ajudá-los a recordar o passado e recobrar a memória do que lhes aconteceu em outra vida. É preciso que cada um entenda o porquê dos acontecimentos de agora.

— O que foi, Sônia? Por que tive que morrer tão cedo? — perguntou Rui, com toda a curiosidade que lhe era peculiar.

— Calma. Vou lhe explicar melhor. Todos já vivemos outras vidas no plano terrestre, e cada experiência vivida é guardada no arquivo de nosso inconsciente. Vou fazê-los relembrar a última encarnação que tiveram na Terra antes desta. Só então vocês encontrarão explicações para o que estão vivendo hoje. Agora, fechem os olhos, relaxem e deixem que a vida lhes mostre o que precisam saber.

Sônia colocou a mão sobre a cabeça de Rui, que de repente se viu em outro lugar. Sem que ninguém lhe dissesse, ele sabia que era o ano de 1800 e estava no México. Ele se chamava Ruanito, tinha trinta anos e fazia parte de uma quadrilha de marginais muito perigosa e conhecida na época. Ele e seus comparsas viviam de roubos e violência.

Estavam todos reunidos em um casebre quando uma bela mulher se aproximou de Ruanito. Seu nome era Elvira. Embora ela estivesse fisicamente um pouco diferente, Rui logo a reconheceu como sua amiga de agora. Ambos estavam se divertindo muito, a bebida já lhes havia subido à cabeça.

Na sala também estava o chefe do bando, Caron, o irmão mais velho de Ruanito. Rui na hora sentiu que ele era Carlos.

Caron tinha personalidade forte, gostava de mandar. Era um líder nato. Tudo que Caron falava era prontamente aceito por todos. Mas também era um idealista. Não aceitava o domínio de um ditador tirano nem a forma como a sociedade local funcionava. Por esse motivo, tornou-se um rebelde. Montou um grupo que tencionava convocar o povo a reagir contra o governo. Faziam assaltos e usavam o dinheiro arrecadado para manter as despesas do bando e ajudar, como pudessem, os pobres dos vilarejos em que passavam.

Elvira era protegida de Caron. Nenhum componente do bando podia se engraçar com ela, nem seu irmão Ruanito, que guardava dentro de si um amor incontrolável por ela, um amor correspondido secretamente. Elvira era filha de um amigo de Caron que havia sido morto, deixando a filha sob sua proteção.

Tudo estava indo bem para o bando até o dia em que um grupo de forasteiros invadiu a cidade onde eles estavam passando alguns dias.

Caron chamou seus homens e pediu para lutarem contra o grupo, pois se tratava de um bando rival, comandado por Marconi, um dos maiores ladrões do México.

Caron foi surpreendido pelo grupo de Marconi em uma taberna quando estava tramando uma emboscada para eles. Os dois bandos começaram a brigar. Caron desencarnou e Ruanito também. Elvira foi capturada por Marconi, que a fez sua esposa. Caron e Ruanito passaram décadas no umbral, até que um dia se arrependeram de seus atos e foram socorridos.

Carlos e Elvira, de olhos fechados, também recordaram esse tempo. Os três, ao reverem as cenas, emocionaram-se muito. Foi Rui quem falou:

— Agora me lembro. Quando fomos socorridos, eu e Carlos decidimos voltar à Terra como policiais, para ficarmos do lado do bem e lutarmos contra os marginais. Fazendo isso, acreditávamos estar, de certa forma, reparando o mal que fizéramos. Eu recordava tudo que havia feito e sentia muita culpa. Então pedi para desencarnar nas mãos de bandidos, pois achava que só assim me libertaria desse peso.

Sônia interveio:

— Isso mesmo. Logo que vocês voltaram à esfera terrestre, Elvira e Marcos foram socorridos por nós. Lembra-se, Elvira?

— Eu me lembro. Quando cheguei aqui, procurei por Carlos e Rui. Ao ser informada de que eles haviam voltado à Terra em busca de novos aprendizados e reparação dos erros cometidos, eu e Marcos decidimos voltar também. Embora eu não amasse Marcos, combinei ser sua esposa na Terra para ajudá-lo em sua missão. Agora entendo por que, quando desencarnei, senti segurança em Carlos.

— É isso mesmo. Ao desencarnar, seu espírito lembrou-se da proteção que Caron lhe dera. Assim, você se sentiu protegida ao lado de Carlos e, com o reencontro de Rui, ambos se sentiram compelidos a ajudá-lo.

Carlos ouvia tudo silenciosamente. Sônia, ao vê-lo quieto, interpelou-o:

— Por que essa tristeza?

— Voltei à Terra e falhei de novo. Se eu tivesse agido diferente, muitas tristezas poderiam ter sido evitadas. Com esse meu jeito de querer resolver tudo e ser o dono da verdade, não denunciei Fernando. Procurei agir só por mim. Se eu o tivesse denunciado, talvez ele não tivesse desencarnado e eu não estivesse nesta situação.

— Não pense assim. Você agiu da maneira que achou correta. Deus sempre nos dá nova chance de repararmos nossos erros. A vida colocou várias pessoas à sua volta que lhe falaram sobre espiritualidade, relataram suas experiências tentando fazê-lo perceber a verdade. Você já teve várias chances de mudar, mas preferiu resistir e continuar sem fazer nada.

— É verdade: Dona Amélia, Humberto, Joana e até Paulinha me relataram suas histórias. Sei que não aproveitei. Pelo contrário, principalmente no que se refere à espiritualidade. Embora eu não duvidasse, vivia brincando com o assunto, sem levá-lo a sério. Se eu soubesse que a vida estava me dando uma oportunidade de mudar meus pensamentos e melhorar, eu teria aproveitado. Como fui tolo! Mas agora é tarde.

— Nunca é tarde, Carlos. Não se esqueça de que seu corpo físico ainda está vivo naquele hospital. Lembre-se dos votos positivos que fez antes desta encarnação e deseja cumprir. Firme o propósito de ficar no bem aconteça o que acontecer e peça a Deus que lhe dê oportunidade de continuar

Após mais algumas palavras, Sônia despediu-se de Rui e Elvira, levando Carlos consigo de volta para o hospital na Terra, onde o auxiliou a voltar para o corpo físico.

capítulo 17

Humberto chegou ao hospital e dirigiu-se imediatamente à sala do médico, que o recebeu de pronto. Após os cumprimentos formais, foi direto ao assunto:

— Vim saber sobre minha esposa. Como ela está?

— Está se recuperando bem e já foi transferida para o quarto. Quis saber da criança e eu lhe contei a verdade. Ela ficou muito abalada. Vou levá-lo ao quarto dela. Talvez consiga fazê-la aceitar melhor a situação.

O médico conduziu-o ao quarto de Matilde, que, ao vê-lo, começou a chorar. Quando o médico os deixou a sós, Humberto beijou-a na testa, tentando confortá-la. Depois, vendo-a um pouco mais calma, indagou:

— Quer ver nosso filho? Pedi para a enfermeira trazê-lo para você ver.

Matilde não respondeu. Ela ainda não havia visto a criança, nem queria fazê-lo.

Minutos depois, a enfermeira entrou no quarto carregando o bebê. Matilde, ao vê-la entrar, começou a gritar fora de si:

— Jogue essa criança no lixo! Ele não é seu filho, Humberto, é filho do demônio. Você não está vendo que é um castigo de Deus? Ele me castigou por eu ter me aliado ao demônio para tê-lo de volta. Ele vai nos destruir. Mate-o, Humberto, mate-o!

Ela estava transtornada, gritando coisas horríveis. Começou a se debater, o que fez com que a enfermeira saísse e chamasse dois enfermeiros para socorrê-la. Eles apareceram e ministraram-lhe injeção calmante. Ela parou de gritar e, pouco depois, adormeceu.

Humberto saiu do quarto arrasado, sem saber o que fazer. A reação inesperada de Matilde deixou-o pasmo, sem saber que atitude tomar. Precisava pensar, dar um tempo para decidir como enfrentar aquele dilema.

Pensou em Ana. Respirou fundo e foi até a outra ala encontrar-se com ela e saber notícias de Carlos. Até aquele momento, o amigo continuava em coma.

Ao chegar à sala de espera da UTI, encontrou Paula, Ana e Maria aguardando autorização do médico para entrar no quarto de Carlos. Aproximou-se delas e perguntou:

— Como está ele?

— Continua na mesma — respondeu Ana. — Estamos esperando o médico chegar para nos dar autorização de vê-lo, mas seu estado infelizmente não é dos melhores.

Ana ia continuar o assunto, mas parou ao ver que o médico estava se aproximando deles. Vendo-as, ele disse logo:

— Vou deixar que entrem no quarto, uma de cada vez, mas só por alguns minutos. E vocês terão que colocar roupas adequadas.

As três conversaram e decidiram que Paula seria a primeira. Após colocar as vestimentas necessárias, ela entrou na UTI.

Carlos estava lá, imóvel, cercado por diversos aparelhos, seu corpo ligado a inúmeros fios. Ela se aproximou, colocou as mãos sobre a cabeça dele e fez uma emocionada prece, rogando a Deus por sua recuperação.

Em seguida, aproximou os lábios do ouvido dele e disse:

— Carlos, meu amor, reaja. Volte para mim. Temos uma vida linda pela frente. Eu o amo muito e preciso de você ao meu lado. Volte para mim.

Carlos registrou aquelas palavras e, fazendo esforço sobrenatural, mexeu a mão direita. Paula, ao vê-lo mexer-se, transbordou de alegria.

Saiu da sala à procura do médico, que imediatamente foi examinar o paciente e constatou que ele estava voltando do coma.

Pouco depois, quando Paula deixou a UTI, cada uma por sua vez, Ana e Maria também entraram para vê-lo. Ambas o cercaram de carinho, dizendo-lhe palavras amorosas, incentivando-o a lutar pela vida.

A partir daí, ele começou a voltar a si. Dois dias depois, ele já estava no quarto de recuperação, onde recebeu visitas de todos os amigos. Alguns dias depois, saiu do hospital.

O mesmo não aconteceu com Matilde, que foi ficando pior a cada dia. Dizia coisas sem sentido, gritava e queria agredir as pessoas. Como não melhorava, foi transferida para a ala de psiquiatria do hospital.

Depois de vários exames, os médicos deram o diagnóstico: Matilde estava louca e precisava ser internada em uma casa de doentes mentais.

Foi com tristeza que Humberto providenciou a internação dela. O menino ficou a seus cuidados. Quando o bebê foi liberado da maternidade, Ana ofereceu-se para ajudar e levou o menino para sua casa. Ela e Maria cuidavam dele com muito carinho.

Os dias foram passando e Carlos, tendo recuperado a saúde, começou a visitar o centro espírita. Tornou-se freqüentador assíduo, não perdia nenhuma reunião.

Depois do que lhe aconteceu, mudou a forma de pensar. Tornou-se mais sensível, mais interessado nos problemas humanos. Começou a ter uma visão nova da vida e a sentir mais vontade de fazer o bem. Não queria julgar ninguém. Entendia que cada pessoa tem sua forma de ver e muitos se iludem com facilidade, acreditando que estão sendo espertos ao lesar os outros, ao ludibriá-los para obter alguma vantagem. Reconhecia que eles iriam pagar muito caro por alimentar essa ilusão.

Ele sabia que, no mundo do crime, quem não morria baleado acabava os dias em uma prisão infecta, no meio de pessoas infelizes e maldosas.

Pensando assim, tornou-se menos agressivo com os marginais, procurando tratá-los de forma justa e de acordo com a lei, mas sem nenhuma violência pessoal.

Humberto e Ana começaram a se entender, até que um dia ele a pediu em namoro, o que foi aceito de imediato.

Maria esbanjava felicidade. Ela e Amélia montaram um bazar beneficente em prol das crianças carentes do bairro, o que estreitou ainda mais os laços de amizade entre as duas.

Guilherme, o filho de Matilde, estava crescendo saudável e, apesar de suas dificuldades, já estava com sete meses de vida. Ele era a alegria de todos.

Ana tomara-se de amores por ele desde o primeiro instante e estava criando-o como a um filho, com todo o carinho e desvelo de mãe.

Ela e Humberto, Paula e Carlos haviam combinado casar-se no mesmo dia.

Com a festa de casamento aproximando-se, todos estavam ocupados com alguma coisa.

Ana e Paula, apesar dos preparativos para o casamento próximo, ainda encontravam tempo para as atividades no centro espírita.

Eles viviam tempos felizes, em que todos os sofrimentos estavam esquecidos.

capítulo 18

A tarde estava linda. O crepúsculo descia sobre a Terra quando Carlos e Humberto chegaram à igreja, ambos em traje de gala, esbanjando alegria e juventude.

Tudo estava lindo no interior da igreja. Os arranjos de flores muito bem colocados nos bancos, tudo decorado com extremo bom gosto.

Aos poucos, os convidados foram chegando e lotando a igreja. Afonso e Joana foram os últimos a entrar. Eles seriam os padrinhos de Carlos e Paula. Luísa chegou com o namorado, e os dois tomaram seus lugares como padrinhos de Ana e Humberto.

Os padrinhos entraram na igreja seguidos de Carlos e Humberto, ambos ansiosos, pois as noivas já estavam atrasadas mais de dez minutos. A preocupação terminou quando Maria e Amélia entraram, sinalizando a chegada das noivas.

A marcha nupcial começou a ser tocada. Primeiro entrou Ana, lindíssima em um vestido branco de renda, com véu e grinalda, seguida por Paula, exuberante com seu lindo e discreto vestido longo, de cor champanhe, e um arranjo de flores na cabeça.

Carlos e Humberto não conseguiram reter as lágrimas, que começaram a rolar-lhes sobre as faces.

Maria também não conseguiu controlar a emoção, deixando que as lágrimas corressem soltas. Eram lágrimas de felicidade por seus filhos estarem se casando no mesmo dia com pessoas que ela amava.

Eles haviam passado por muitos problemas, mas, com a ajuda de Deus, tinham vencido. Ela sentia que, dali para a frente, seriam muito felizes.

Os convidados assistiam à cerimônia comovidos. Eles não podiam ver, mas havia mais quatro convidados que observavam o casamento com muita emoção.

Em dado momento, Rui olhou para Elvira e disse:

— Estou aqui pensando... Nós dois formamos um par maravilhoso.

— Você acha? O que quer dizer com isso?

— É que... Eu gosto de você e penso que seria uma esposa ideal. Você quer me aceitar como seu legítimo marido?

Elvira olhou-o surpreendida. Desde o momento em que relembrara seu passado, sentira-se atraída por Rui. Pensava nele com freqüência, mas, como ele nunca demonstrara interesse, achou que ele não a queria. Acreditava que o amor que ele sentira por ela na vida passada não existia mais. Olhou para ele com seriedade e respondeu:

— Eu adoraria, mas não sei se será possível. Afinal, estamos nesta dimensão.

Sônia olhou para ela e disse:

— A vida continua em toda parte. Na dimensão onde vivemos há vida familiar e social. Vocês poderiam se casar mesmo estando aqui. — Os olhos dela brilharam de forma especial quando disse sorrindo: — Porém tenho uma sugestão a fazer: por que vocês não voltam à Terra com eles? Eu sei que Rui e Renato já estão se preparando para regressar, e tudo indica que será entre esses nossos amigos. Você poderia voltar com eles e, no futuro, casar-se com Rui. Quem sabe esse não seja o próximo casamento a que eu assista nesta igreja?

— Isso é tudo que eu quero: voltar à Terra e viver ao lado

de Rui. Quero aprender mais, refazer minha vida, ser feliz. Mas será que terei permissão?

— Vamos confiar em Deus e fazer o pedido no departamento de reencarnação. Se aprovado, você voltará.

A cerimônia chegou ao fim. Quando todos estavam na escadaria da igreja, os quatro espíritos foram embora. Rui, Elvira e Renato estavam felizes, pensando em voltar à Terra para começar as novas etapas de suas vidas.

Eles haviam aprendido muitas coisas no decorrer da última existência. Cada um tinha recebido a lição de que precisava, porém todos sabiam que é necessário trabalhar a favor da vida, aceitar o que não se pode mudar acreditando que a sabedoria universal faz tudo sempre para o melhor. Acreditar na vida é confiar no futuro.

Não se pode querer manipular ninguém. Deve-se deixar que as pessoas escolham o próprio caminho, porque cada um responderá de acordo com suas atitudes.

Deve-se pensar que a vida é mais importante do que tudo e, em quaisquer circunstâncias, é preciso continuar a viver sabendo que há momentos em que tudo acontecerá de forma adequada e outros em que precisaremos colocar nossa força interior para enfrentar os desafios.

Mas devemos ter sempre em mente que, apesar de tudo, nunca estaremos sós. Ao nosso lado, sempre haverá alguém invisível amparando-nos, sugerindo pensamentos bons, aconselhando-nos a perseverar no bem.

São eles os espíritos mensageiros da luz, que trabalham na regeneração do mundo e desejam nossa felicidade.

Epílogo

Três anos depois, Paula e Carlos se encontram em um quarto na maternidade, ambos nervosos. A certa altura, Carlos pediu:

— Calma, amor. A criança vai nascer bem. Acalme-se.

— Estou calma, Carlos. Você é quem não está. Assim você me deixa nervoso. O médico disse que está tudo bem. Logo vão me levar à sala de parto. É melhor você ficar com Humberto. A esta hora o filho deles já deve ter nascido.

— Está bem. Vou até a sala de espera ver se já nasceu.

Carlos beijou Paula e em seguida saiu. Ao ver o cunhado andando de um lado para o outro, comentou:

— Pelo jeito, seu filho ainda não nasceu. Ei, acalme-se! Desse jeito, você vai furar o chão.

— Olhe só quem está falando! Daqui a pouco é sua vez. Não se preocupe. Vou deixar um espaço para você furar também...

— Isso. Deixe um pedaço do chão para mim. Mas, também... essas crianças tinham que nascer no mesmo dia?

— E vem mais um. Afonso acaba de ligar em meu celular. Estão vindo para cá, pois Joana também está em trabalho de parto.

— Não acredito! Os três no mesmo dia? O bom é que ela terá uma menina.

— Bom, por quê?

— Ora, pois assim meu Ruizinho já nasce namorando.

— Engraçadinho! Quem vai namorar a filha de Joana é o meu Renatinho.

— Não, não. É o meu Ruizinho…

No dia seguinte, os três amigos comemoraram satisfeitos a chegada dos filhos. Em meio à alegria, a certa altura Afonso lembrou:

— Neste momento em que estamos os três sozinhos, proponho fazermos um minuto de silêncio, durante o qual cada um de nós vai agradecer à Divina Providência a bênção da paternidade. Aproveitemos para pedir a Deus que nos inspire a educar esses meninos, desde cedo, com os valores eternos do espírito, para que eles possam se tornar cidadãos úteis e sejam felizes nesta nova vida.

Os três fizeram silêncio, cada um conversando com Deus a seu modo. Eles não viram que energias luminosas desciam do alto sobre suas cabeças mas sentiram uma agradável e diferente sensação de harmonia e paz.

Fim

Sucessos de ZIBIA GASPARETTO

Crônicas e romances mediúnicos.
Mais de seis milhões de exemplares vendidos.
Há mais de dez anos Zibia Gasparetto vem se mantendo na lista dos mais vendidos, sendo reconhecida como uma das autoras nacionais que mais vende livros.

• Crônicas: Silveira Sampaio
PARE DE SOFRER
O MUNDO EM QUE EU VIVO
BATE-PAPO COM O ALÉM
• Crônicas: Zibia Gasparetto
CONVERSANDO CONTIGO!

• Autores diversos
PEDAÇOS DO COTIDIANO
VOLTAS QUE A VIDA DÁ

• Romances: Lucius
O AMOR VENCEU
O AMOR VENCEU *(em edição ilustrada)*
O MORRO DAS ILUSÕES
ENTRE O AMOR E A GUERRA
O MATUTO
O FIO DO DESTINO
LAÇOS ETERNOS
ESPINHOS DO TEMPO
ESMERALDA
QUANDO A VIDA ESCOLHE
SOMOS TODOS INOCENTES
PELAS PORTAS DO CORAÇÃO
A VERDADE DE CADA UM
SEM MEDO DE VIVER
O ADVOGADO DE DEUS
QUANDO CHEGA A HORA
NINGUÉM É DE NINGUÉM
QUANDO É PRECISO VOLTAR
TUDO TEM SEU PREÇO
TUDO VALEU A PENA
UM AMOR DE VERDADE

Sucessos de LUIZ ANTONIO GASPARETTO

Estes livros irão mudar sua vida!
Dentro de uma visão espiritualista moderna, estes livros irão ensiná-lo a produzir um padrão de vida superior ao que você tem, atraindo prosperidade, paz interior e aprendendo acima de tudo como é fácil ser feliz.

ATITUDE
SE LIGUE EM VOCÊ *(adulto)*
SE LIGUE EM VOCÊ - nº 1, 2 e 3 *(infantil)*
A VAIDADE DA LOLITA *(infantil)*
ESSENCIAL *(livro de bolso com frases para auto-ajuda)*
FAÇA DAR CERTO
GASPARETTO *(biografia mediúnica)*
CALUNGA - "Um dedinho de prosa"
CALUNGA - Tudo pelo melhor
CALUNGA - Fique com a luz...
PROSPERIDADE PROFISSIONAL
CONSERTO PARA UMA ALMA SÓ *(poesias metafísicas)*
PARA VIVER SEM SOFRER

série CONVERSANDO COM VOCÊ *(Kit contendo livro e fita k7)*:
1- Higiene Mental
2- Pensamentos Negativos
3- Ser Feliz
4- Liberdade e Poder

série AMPLITUDE:
1- Você está onde se põe
2- Você é seu carro
3- A vida lhe trata como você se trata
4- A coragem de se ver

INTROSPECTUS *(Jogo de cartas para auto-ajuda)*:
Modigliani criou através de Gasparetto, 25 cartas mágicas com mensagens para você se encontrar, recados de dentro, que a cabeça não ousa revelar.

OUTROS AUTORES

Conheça nossos lançamentos que oferecem a você as chaves para abrir as portas do sucesso, em todas as fases de sua vida.

LOUSANNE DE LUCCA:

- ALFABETIZAÇÃO AFETIVA

MARIA APARECIDA MARTINS:

- PRIMEIRA LIÇÃO - "Uma cartilha metafísica"
- CONEXÃO - "Uma nova visão da mediunidade"

VALCAPELLI:

- AMOR SEM CRISE

VALCAPELLI e GASPARETTO:

- METAFÍSICA DA SAÚDE:

vol.1: sistemas respiratório e digestivo

vol.2: sistemas circulatório, urinário e reprodutor

vol.3: sistemas endócrino *(incluindo obesidade)*, e muscular

MECO SIMÕES G. FILHO:

- EURICO um urso de sorte (infantil)
- A AVENTURA MALUCA DO PAPAI NOEL

E DO COELHO DA PÁSCOA (infantil)

RICKY MEDEIROS:

- A PASSAGEM
- QUANDO ELE VOLTAR
- PELO AMOR OU PELA DOR...
- VAI AMANHECER OUTRA VEZ

MARCELO CEZAR (ditado por Marco Aurélio):

- A VIDA SEMPRE VENCE
- SÓ DEUS SABE
- NADA É COMO PARECE
- NUNCA ESTAMOS SÓS
- MEDO DE AMAR

MÔNICA DE CASTRO (ditado por Leonel):

- UMA HISTÓRIA DE ONTEM
- SENTINDO NA PRÓPRIA PELE
- COM O AMOR NÃO SE BRINCA
- ATÉ QUE A VIDA OS SEPARE
- O PREÇO DE SER DIFERENTE

LEONARDO RÁSICA:

- FANTASMAS DO TEMPO - Eles voltaram para contar

MÁRCIO FIORILLO:

- EM NOME DA LEI (ditado por Madalena)

LUIZ ANTONIO GASPARETTO

Fitas K7 gravadas em estúdio, especialmente para você!
Uma série de dicas para a sua felicidade.

• PROSPERIDADE:
Aprenda a usar as leis da prosperidade.
Desenvolva o pensamento positivo corretamente.
Descubra como obter o sucesso que é seu por direito divino, em todos os aspectos de sua vida.

• TUDO ESTÁ CERTO!
Humor, música e conhecimento em busca do sentido da vida.
Alegria, descontração e poesia na compreensão de que tudo é justo e Deus não erra.

• série VIAGEM INTERIOR (1, 2 e 3):
Através de exercícios de meditação mergulhe dentro de você e descubra a força da sua essência espiritual e da sabedoria.
Experimente e verá como você pode desfrutar de saúde, paz e felicidade desde agora.

• TOULOUSE LAUTREC:
Depoimento mediúnico de Toulouse Lautrec, através do médium Luiz Antonio Gasparetto, em entrevista a Zita Bressani, diretora da TV Cultura (SP).

• série PRONTO SOCORRO:
Aprenda a lidar melhor com as suas emoções, para conquistar um maior domínio interior.
1. Confrontando o desespero
2. Confrontando as grandes perdas
3. Confrontando a depressão
4. Confrontando o fracasso
5. Confrontando o medo
6. Confrontando a solidão
7. Confrontando as críticas
8. Confrontando a ansiedade
9. Confrontando a vergonha
10. Confrontando a desilusão

• série CALUNGA:
A visão de um espírito, sobre a interligação de dois mundos, abordando temas da vida cotidiana.
1. Tá tudo bão!
2. "Se mexa"
3. Gostar de gostar
4. Prece da solução
5. Semeando a boa vontade
6. Meditação para uma vida melhor
7. A verdade da vida
8. "Tô ni mim"
9. Quem está bem, está no bem
10. Sentado no bem
11. O poder de construção do bem

• série PALESTRA
1- A verdadeira arte de ser forte
2- A conquista da luz
3- Pra ter tudo fácil
4- Prosperidade profissional (1)
5- Prosperidade profissional (2)
6- A eternidade de fato
7- A força da palavra
8- Armadilhas do coração
9- Se deixe em paz
10- Se refaça
11- O teu melhor te protege
12- Altos e baixos
13- Sem medo de errar
14- Praticando o poder da luz em família
15- O poder de escolha

PALESTRAS GRAVADAS AO VIVO:

• série PAPOS, TRANSAS & SACAÇÕES

1- Paz emocional
2- Paz social
3- Paz mental
4- Paz espiritual
5- O que fazer com o próprio sofrimento?
6- Segredos da evolução
7- A verdadeira espiritualidade
8- Vencendo a timidez
9- Eu e o silêncio
10- Eu e a segurança
11- Eu e o equilíbrio

• série PALESTRA AO VIVO

1- Caia na real *(fita dupla)*
2- Casamento e liberdade *(fita dupla)*
3- Segredos da auto-estima *(fita dupla)*
4- A vida que eu pedi a Deus *(fita dupla)*

• LUZES

Coletânea de 8 fitas k7. Curso com aulas captadas ao vivo, ministradas através da mediunidade de Gasparetto.
Este é um projeto idealizado pelos espíritos desencarnados que formam no mundo astral, o grupo dos Mensageiros da Luz.

LUIZ ANTONIO GASPARETTO EM CD:

• *Títulos de fitas k7 que já se encontram em CD:*

- Prosperidade
- Confrontando a ansiedade
- Confrontando a desilusão
- Confrontando a solidão
- Confrontando as críticas
- Confrontando a depressão

• série REALIZAÇÃO:

Uma coleção de cds para todas as pessoas que estão sinceramente interessadas em aprender a melhorar.

LUIZ ANTONIO GASPARETTO

em vídeo

• SEXTO SENTIDO

Conheça neste vídeo um pouco
do mundo dos mestres da pintura,
que num momento de grande ternura
pela humanidade, resolveram voltar
para mostrar que existe vida além da vida,
através da mediunidade de Gasparetto.

• MACHU PICCHU

Visite com Gasparetto a
cidade perdida dos Incas.

• série VÍDEO & CONSCIÊNCIA

Com muita alegria e arte, Gasparetto
leva até você, numa visão metafísica,
temas que lhe darão a oportunidade de
se conhecer melhor:

O MUNDO DAS AMEBAS
JOGOS DE AUTO-TORTURA
POR DENTRO E POR FORA

ESPAÇO VIDA & CONSCIÊNCIA

Acreditamos que há em você muito mais condições de cuidar de si mesmo do que você possa imaginar, e que seu destino depende de como você usa os potenciais que tem.

Por isso, através de PALESTRAS, CURSOS-SHOW e BODY WORKS, GASPARETTO propõe dentro de uma visão espiritualista moderna, com métodos simples e práticos, mostrar como é fácil ser feliz e produzir um padrão de vida superior ao que você tem. Faz parte também da programação, o projeto VIDA e CONSCIÊNCIA. Este curso é realizado há mais de 20 anos com absoluto sucesso. Composto de 8 aulas, tem por objetivo iniciá-lo no aprendizado de conhecimentos e técnicas que façam de você o seu próprio terapeuta.

Participe conosco desses encontros onde, num clima de descontração e bom humor, aprenderemos juntos a atrair a prosperidade e a paz interior.

Maiores informações:

Rua Salvador Simões, 444 • Ipiranga • São Paulo • SP

CEP 04276-000 • Fone Fax: (11) 5063-2150

E-mail: espaco@vidaeconsciencia.com.br

Site: www.vidaeconsciencia.com.br

Luiz Gasparetto

INFORMAÇÕES E VENDAS:

Rua Agostinho Gomes, 2312
Ipiranga • CEP 04206-001
São Paulo • SP • Brasil
Fone / Fax: (11) 6161-2739 / 6161-2670
E-mail: editora@vidaeconsciencia.com.br
Site: www.vidaeconsciencia.com.br